走进天水

ZOUJIN TIANSHUI

刘雁翔
著

甘肃教育出版社

图书在版编目（CIP）数据

走进天水 / 刘雁翔著. -- 兰州 : 甘肃教育出版社, 2019.4 (2022.8重印)
ISBN 978-7-5423-4625-4

Ⅰ. ①走… Ⅱ. ①刘… Ⅲ. ①旅游指南—天水 Ⅳ. ①K928.942.3

中国版本图书馆CIP数据核字(2019)第059018号

走进天水
ZOUJIN TIANSHUI
刘雁翔 著

项目策划 薛英昭 刘正东
项目执行 刘正东
责任编辑 刘正东
封面设计 MM 末末美书

出 版 甘肃教育出版社
社 址 兰州市读者大道568号 730030
网 址 www.gseph.cn E-mail gseph@duzhe.cn
电 话 0931-8436489(编辑部) 0931-8773056(发行部)
传 真 0931-8435009
淘宝官方旗舰店 http://shop111038270.taobao.com

发 行 甘肃教育出版社 印 刷 兰州银声印务有限公司
开 本 880 毫米×1230 毫米 1/32 印 张 8.75 插 页 1 字 数 200 千
版 次 2019 年 5 月第 1 版
印 次 2022 年 8 月第 3 次印刷
印 数 8 041~12 040
书 号 ISBN 978-7-5423-4625-4 定 价 58.00 元

行走在天水的大街小巷
尽情感受历史脉搏的跳动

天水是一座小城市。改革开放以来，城区迅速扩大，城市面貌大为改观，但相较发达城市，天水至今仍然是一座小城市。尽管1985年天水已实行市管县体制，市区包括秦城、北道两个区，但在人们的观念中，称之为“市”的只有秦州区城区的那部分。城区周围远近之人到城区去,就说“进城去呢”或“到市上去呢”。

天水是一座小城市。在老天水人看来，天水市就是东起东桥头，西到坚家河，北依北山，南界藉河这么一片地方。再往前推一下，民国时期的天水县城就这么大。再往前推一下，明清时期的秦州城还是这么大。那么，城周围呢？自然是城里人眼中的四乡里了。“秦州志”在记述城周围山川时,标目依次是:东乡、南乡、西乡、北乡。

天水是一座小城市。小得单纯，老城里面没有一家叫工厂的那样的企业。小得精巧，一个上午或一个下午你可以徒步走遍全城，花十元人民币坐出租车，你可以从城市的这头跑到城市的那头。小得典雅，古时秦州城的官衙寺庙、旧屋民宅、古树名木依然遍布街巷。小得舒坦，你住在这里，很容易就和世界物我两忘。

有一副对联说天水："此处是秦州旧制，斯民有汉唐遗风。"良有以也。

天水是一座小城市。传统，守旧。举一例，天水市第一人民医院改名至今已逾三十年，而城里人还是喜欢称之为"地区医院"。

天水是一座小城市。旅游资源富足，满眼文物景观，虽然小，但想看什么有什么。从东往西，东关有万寿宫、天主教堂，大城有纪信祠、陇南书院、瑞莲寺、文庙，中城、西关有北关清真寺、山陕会馆、关帝庙、织锦台、赵氏祠堂等，小西关即伏羲城，有伏羲庙建筑群。倚城北山有道教名观玉泉观，南城根藉河对过南山有佛教古刹南郭寺。更有胡氏民居等名人故居散布城内各处。

天水是一座小城市。小得瓷实，小得丰富多彩，小得能留住历史的命脉——像一家中式风格装修的博物馆。似乎一段废城墙、一块碎陶片都能讲述一个又一个动人的故事。随手一指便是历史，抓一把黄土都是人文。来到天水看风景，风景在悠悠的历史中摇曳。行走在天水的大街小巷，可以尽情感受历史脉搏的跳动。

当然，天水除了城区，周边还有"四乡"，还有辖县，从来不乏好看的、好吃的、好玩的。

"小城故事多，充满喜和乐，若是你到小城来，收获特别多。"还犹豫什么呢，你和天水就差一场旅行。真的！

目　录

第一单元

看景也要听景

伏羲开天图铜瓶

清代铜器。现藏于天水市博物馆。高28.5厘米，口径10.5厘米。器型呈棒槌形，口沿及颈部饰谷粒状圆点纹，肩部饰荷花瓣纹，正面是伏羲惊天地、泣鬼神，开天辟地创世形象（伏羲一画开天传说的另一种呈现），背面铸造阳文双行落款『直隶秦州知州李鋐』『乾隆六年三月吉旦』。李鋐于乾隆二年（1737年）任秦州知州，捐俸整修伏羲庙、玉泉观等名胜，有政绩。此瓶当系李在知州任内春祭伏羲时的敬献之物。

范长江谈天水

1935 年 12 月 3—8 日，《大公报》著名记者范长江在天水游历采访，将其见闻写入《中国的西北角》一书，起首一段概括对天水的总体印象道：“甘肃人说到天水，就等于江浙人说苏杭一样，认为是风景优美、物产富饶、人物秀丽的地方。现在的天水是由六个城合并而成，最有历史意味的是‘伏羲城’。我们现在虽然在考古学上还未能具体证明‘伏羲’的时代和他当时社会的内容，然而汉族最早的传说和神话都在渭水流域，特别是在渭水本源的上游，这却无可怀疑。”

一、选择来天水的若干理由

1. 国家级历史文化名城，名胜古迹众多

1994 年，天水被列为第三批国家历史文化名城。2019 年，有各级文物保护单位 450 处，其中国家级文物保护单位 20 处、省级文物保护单位 43 处。有旅游景点 228 处，其中 5A 级景区 1 个（天水麦积山风景名胜区），4A 级景区 6 个（伏羲庙、南郭寺、玉泉观、甘谷大像山、武山水帘洞景区、秦安县凤山景区），3A 级景区 3 个（清水温泉度假村景区、武山木梯寺景区、武山卧牛山景区）。

天水还有和旅游相关的其他名片，如中国优秀旅游城市、最具西北风情的西部名城等。

天水市城区新貌

2. 甘肃第二大城市

天水的名气不小，是甘肃第二大城市。这里自古以来是丝绸之路重镇，在民国之前长期流传着这样一条谚语："拉不完的秦州，填不满的兰州。"1918 年，天水即有甘肃最早的股份制企业之一——天水县炳兴火柴股份有限公司。天水也是甘肃第一个有电灯的城市。1965—1971 年，天水作为三线建设重点地区之一，有 36 家国家大型企业设点建厂，一度有西北电器电子城、西北轻纺城之誉。2016 年，天水市国民经济生产总值位居甘肃第三，居兰州市、庆阳市之后。就是说"第二"的位置暂时不保。而天水户籍人口超过兰州市，为全省第一，常住人口仅次于兰州市。综合起来说天水市是甘肃第二大城市，应该没问题。

3. 自然人文完美结合的麦积山石窟

麦积山石窟始建于东晋十六国时期的后秦，为中国四大石窟之一。宋代即有“秦地林泉之冠”的美称。明清时“麦积烟雨”是秦州十景之一。1961 年，麦积山石窟被国务院列为第一批国家重点文物保护单位。2010 年，麦积山风景名胜区被国家旅游局列为国家 5A 级旅游景区。2015 年，麦积山石窟被列入世界文化遗产名录。麦积山石窟以泥塑闻名，有“东方雕塑馆”之称，周围风光秀丽，自然和人文完美结合，魅力无限。

麦积烟雨

伏羲庙先天殿伏羲圣像

4. 寻根问祖圣地伏羲庙

天水是羲皇故里，有卦台山、伏羲庙等众多古迹，伏羲庙会源远流长，伏羲文化资源得天独厚。在明代，秦州伏羲庙即是明朝廷钦定的全国性的伏羲祭祀中心。从 2005 年开始，其一年一度的伏羲文化旅游节由甘肃省人民政府主办，在国内外颇具影响。

5. 避暑胜地

天水市属温带季风气候，城区附近属温带半湿润气候。年平均气温 11℃，年平均降水量 491.7 毫米。最热月 7 月，平均气温 22.8℃；最冷月 1 月，平均气温 -2.0℃。冬无严寒，夏无酷暑。夏季，好雨知时节，一般每周下一两场雨，夜雨晨停，燥热不来，悠然而舒适。天水有时也热，但绝对是能忍受的那种热。一到室内或阴凉处，即刻就不热了。不用空调甚至不用电风扇，绝对可以消夏。麦积山风景名胜区、清水温泉度假村、张家川关山云风风景名胜区、武山温泉度假村等，都是著名的避暑胜地，晚上在这里安眠，不盖被子还觉得冷。每年 7 月至 11 月，是天水市的最佳旅游季节。

6. 苹果 · 蜜桃 · 大樱桃

天水是中国北方最佳水果生产基地之一。从春夏之交开始，以大樱桃、水蜜桃、苹果为代表的各种水果次第成熟上市，价廉物美，好看好吃。从五一劳动节到国庆节，旅游者每天都可以吃到新鲜水果。

天水大樱桃

7. 回乡风情

天水市是回族聚居区之一。2016 年张家川回族自治县有回族 23.4 万人，占总人口的 69.4%，是全国回族人口比例最高的回族聚居区。另，秦州区、麦积区、秦安县、清水县等区县都有回族人居住。各式清真美食琳琅满目，令人垂涎；张家川“花儿”别具风格，脍炙人口。

8. 古树不仅仅在寺庙里

天水有古树 546 株，数量上仅次于江苏扬州，位居全国第二。

天水市城区古巷古树

天水的寺庙有古树，伏羲庙的古柏群、南郭寺的春秋柏、甘泉寺的古玉兰树等即是。但天水的古树，不仅仅寺庙有，市区也是随处可见。每当漫步天水的大街小巷，仰望千年古槐古柏时，一种浓厚的历史感就会扑面而来。

9. 天水白娃娃

有谚语说，“武山的大米兰州的瓜，天水出的白娃娃”，或“秦安的褐子清水的麻，天水出的白娃娃”。天水气候好、水好，地灵人杰，于是天水女子肤白人美，古今闻名。《诗经·秦风·蒹葭》有句：“蒹葭苍苍，白露为霜。所谓伊人，在水一方。”“所谓伊人”，大抵就是像天水白娃娃。

“白娃娃”由来有自

传说五代十国时期，蜀后主王衍的宠臣、宦官王承休觊觎秦州节度使官位，便揣摩好色之徒王衍的心事：“愿与陛下于秦州采掇美丽。且说秦州之风土，多出国色，仍请幸天水。”这话说到了王衍的心坎上，王承休如愿以偿被任命为秦州节度使。于是他检选美女，教以歌舞伎乐，并图画倩影以急递方式传至蜀都。王衍看到美女艳画，心花怒放，选定十月三日幸秦州。幸秦州干什么呢，是想到产美女的地方看美女。时当后唐庄宗同光三年，前蜀乾德七年，即 925 年。王衍看美心切，不顾朝臣泣血极谏，执意按原计划北巡秦州。一路上，君臣唱和，好不快活。不意行至利州（今四川广元市境）时，后唐大军已攻入蜀境，王衍狼狈逃至成都，不久便成了阶下囚。王承休弃秦州奔回成都，求降不得被杀。事见北宋《太平广记》卷二四一引五代王仁裕《王氏见闻录》“王承休”条。王衍行径荒唐，而这则荒唐且很有娱乐性的故事适可证明，秦州“多出国色”由来有自也。

二、天水见面熟

1. 政区人口

天水市位于甘肃东南部，介于东经 104° 35′ ~106° 44′、北纬 34° 05′ ~35° 10′ 的范围内。距省城兰州 308.65 公里，距邻省陕西省会西安 339.35 公里，距首都北京 1408.86 公里。民国以前很长一段时间天水称秦州。其实“天水”的名称要早于秦州。汉武帝元鼎三年（公元前 114 年）设天水郡，从此有了“天水”之名，取“天一生水”之意。三国魏文帝黄初元年（220 年）始置秦州，因秦人之“秦”而得名。魏晋南北朝时期实行州、郡、县三级行政设置，二者并存，秦州辖天水郡。隋代实行州县二级制，之后就有秦州而无天水郡了。“秦州”的名称一直沿用到民国二年（1913 年），之后就称为天水县。1950 年 2 月，析天水县，成立县级天水市。1985 年 7 月 8 日，撤销天水地区，实行市管县体制，天水市升为地级市。至 2016 年，辖秦州、麦积二区，秦安、清水、张家川、甘谷、武山五县，总面积 14325 平方公里。户籍人口 363.59 万人，常住人口 332.3 万人，城市人口 58.48 万人。

2. 地理山川

天水市地跨黄河水系的渭河流域和长江水系的嘉陵江流域。最大河流渭河翼带众流，横贯全境。地势西高东低，海拔一般在 1000~2100 米之间。地形可分为土石山区、黄土丘陵梁峁沟壑区以及河谷川区。我的老师赵俪生先生在其回忆录《篱槿堂自叙》中写道："火车过了宝鸡，就穿越一连串的山洞。山洞过完就到

小陇山林海

了天水。天水以西，就出现了甘肃的典型地貌。用地方话说，就是‘一挂塬,一挂川’。所谓‘塬’其实也可以叫‘山’,所谓‘川’就是平地。”描述得非常形象。山地广大，川原河谷相间，农业区和居住区大都集中在河谷川区。黄土山地除了农作物外鲜有林木，东北部及东南部土石山区有著名的关山林区和小陇山林区，森林广布，风景秀丽，令人神往的名胜景点即分布在这一区域。天水多山，但并不荒凉。山上长草，地里长庄稼，另有大片森林。森林覆盖率达到 33%。

3. 历史人文

人们提到天水，立刻联想到的就是此地历史悠久、历史文化厚重。的确如此。这里，我们参照《中国通史》的体例，往事悠悠从头说。

远古时代。也就是考古学上的旧、新石器时代。天水境内有远古时代遗址 400 余处。武山狼叫屲遗址，距今 3.8 万年，出土武山人头骨化石。大地湾遗址，是新石器时代的典型代表，其一期文化距今 7800 年，出土文物如前仰韶文化彩陶、碳化黍种子、宫殿式建筑、地画等创多项中国出土文物“第一”。新石器时代的彩陶文化丰富灿烂，石岭下类型文化富有地域特色。

夏商周时期。也就是考古学上的“三代”。最有影响的事件就是秦人崛起。秦非土著，是东夷族的一支，原居地在今山东、河北沿海一带。殷商中期一部分西迁，替商王守边，在中潏时期定居在天水一带。西周孝王时秦祖非子替周王室养马有功，被封

仰韶文化石岭下类型人面鲵鱼瓶
甘谷西坪出土

仰韶文化石岭下类型人面鲵鱼瓶
武山付家门出土

为附庸，并恩准其在“秦”（今张家川县城南后川河谷）建邑。“秦”这个在中国历史上产生过重大影响的部族的族号、统一王朝的朝代名由此诞生。从中潏“在西戎，保西陲”至秦文公四年（公元前762年）迁都关中，秦人以秦邑和礼县西汉水流域的西陲为根据地，传承十四代，历时三百余年。著名首领有中潏、秦非子、秦襄公、秦文公。或曰秦始皇是天水人，就是基于秦人发祥地在天水而言的。著名遗址有清水李崖遗址、甘谷毛家坪遗址等。秦武公十年（公元前688年）设立的邽县（今秦州区）、冀县（今甘谷县）是中国历史上有明确纪年的最早的两个县。麦积区放马滩秦墓出土了世界上最早的实物地图。天水也是西戎的大本营之一，张家川回族自治县国家级文物保护单位马家塬遗址即是戎王墓葬。

秦汉时期。国家开拓西域，为慷慨壮勇之士提供了广阔的舞台，涌现出飞将军李广、壮侯赵充国、西域都护段会宗等一代名将。西汉末年，隗嚣起兵反对王莽，割据天水十二年。东汉羌人大起义延续一百余年，多次波及天水。名将之外，著名文士有辞赋家赵壹、隐士姜岐等。姜岐隐居因“以畜蜂、豕为事”，后世养蜂业尊其为祖师爷。著名文物有甘谷汉简、张家川摩崖汉碑。

三国魏晋南北朝时期。天水是蜀汉北伐的重点区域，诸葛亮、姜维多次兵临天水，留有诸葛军垒、木门道等遗迹。这段时期，天水佛教爆发式流传，麦积山石窟、大像山石窟、水帘洞石窟、木梯寺石窟等石窟寺相继建造，形成“百里石窟长廊”。天水土著氐族强势崛起，清水氐杨氏建立仇池国，临渭氐苻氏建立前秦，略阳氐吕氏建立后凉，略阳氐李氏建立成汉，在中国历史上都扮演了相当重要的角色。著名人物有蜀汉大将军姜维、曹魏名臣杨阜、仇池国主杨茂搜、前秦王苻坚、后凉国主吕光、流民领袖李特等。著名文化事件有东晋小说家王嘉著《拾遗记》、前秦秦州刺史窦滔之妻苏蕙创制《织锦璇玑图》、北周文学家庾信撰写《秦州天水郡麦积山佛龛铭》等。

隋唐五代时期。隋末，薛举起兵反隋，一度定都天水。李唐王室自称出自陇西李氏。陇西李氏有两支，一为陇西成纪李氏，一为陇西狄道李氏。在历年出土的唐代墓志中，李唐王室成员多

唐海马瑞兽葡萄纹铜镜
秦安县五营镇陈峡村出土

言其籍贯为“陇西成纪”。唐代的成纪县治在今天水市秦安县，无疑李唐和天水有关。唐贞观三年（629 年），玄奘法师西行求法，和秦州僧人孝达结伴而行，经秦州，宿一夜而再西行。乾元二年（759 年），诗圣杜甫流寓秦州，在秦州境内创作《秦州杂诗》等诗歌 95 首。唐建中四年（783 年），唐和吐蕃在清水会盟，签订边界盟约。著名人物有将作大匠姜行本，诗仙李白，画家李思训、李道昭，中唐名相权德舆等。柳公权《玄秘塔碑》举世闻名，其全称《唐故左街僧录内供奉三教谈论引驾大德安国寺上座赐紫大达法师玄秘塔碑铭并序》，这个“大达法师”名端甫，俗信赵，就是天水人。

宋元时期。宋朝廷以天水为赵姓郡望，陈寅恪先生以“天水一朝”指代宋朝，以此也。秦州当时是宋朝西北边防重镇，名臣如曹玮、韩琦、文彦博、吕公绰、张方平、曾布等都曾任秦州知州。南宋和金国对峙，边境线在秦州藉河、渭河一线，吴玠、吴璘兄弟在此和金多次对战。元太祖二十二年（1227 年），成吉思汗病逝于清水西江。元初，全真教丘处机徒裔梁志通创建陇上名观玉泉观。著名人物有名将尹崇珂、张俊，词人张炎等。

明清时期。明成化、嘉靖时，秦州西关修建规模宏大的伏羲庙，秦州成为国祭伏羲的两大祭祀中心之一。清代秦州盛产烟草，畅销省内外。著名人物有都察院右副都御使胡缵宗，“陇上铁汉”安维峻，教育家任其昌、张世英等。

民国时期。1912 年 3 月 11 日，骁锐军统领黄钺响应共和，发动秦州起义，成立甘肃临时军政府，清王朝在甘肃的统治结束。1920—1926 年，陇南镇守使孔繁锦坐镇天水，先后创办陇南机器局、开明电灯公司、天隆纺织厂、和丰制革织毛有限公司等企业。1935—1936 年，中国工农红军第二十五军、红一方面军陕甘支队、红二方面军、红四方面军第二纵队于长征途中，先后经天水北上。

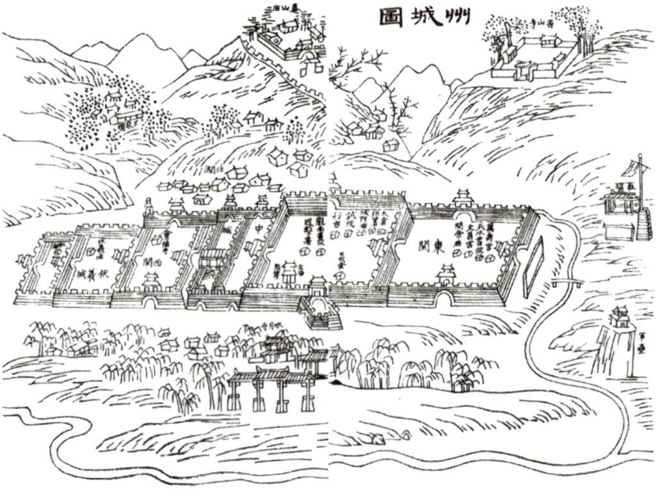

光绪《秦州直隶州新志》所附秦州州城图

1949 年 8 月 3 日，中国人民解放军第一野战军一兵团所部解放天水，成立了以王震为主任的天水市军事管制委员会，全面接管旧政权。著名人物有邓宝珊、冯国瑞等。

“天水”的由来

天水郡的设立，史有明文。《汉书》卷二十八《地理志》记：“天水郡，武帝元鼎三年置。”武帝，就是雄才大略的汉武帝刘彻，而元鼎三年，即公元前 114 年。

唐代大学者颜师古注《汉书》，涉及天水郡，引地记资料说：“《秦州地记》云，郡前湖水冬夏无增减，因以名焉。”所谓《秦州地记》即南朝宋郭仲产（？—454 年）的《秦州记》，系地记名作，隋之前亡佚。这是史籍所见对天水名称最早的解释。郭仲产之后，著名的地理学家郦道元（？—527 年）在其名著《水经注》注渭水时涉及天水郡，又有类似但更加别致的解释：“……上邽，故邽戎国也。秦武公十年伐邽，县之，旧天水郡治。五城相接，北城中有湖水，有白龙出是湖，风雨随之，故汉武帝元鼎三年，改为天水郡。”

于以上两说，古代的史志学家任取其一，或两说并存，相较而言，从郭说者占绝大多数。大概是认定郭说质实些，而郦说过于浪漫。到了宋代，便将“郡前有湖水”之“湖”具体定格在了秦州西南七里处的天水湖。明清

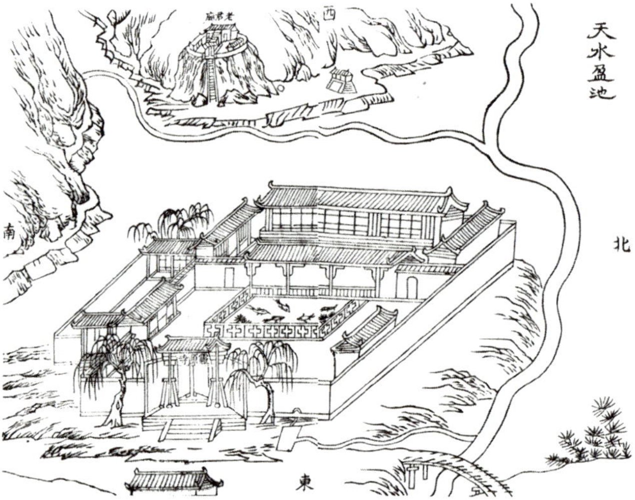

光绪《秦州直隶州新志》所附“天水盈池”图

时，天水湖被列为秦州十景之一，名“天水盈池”或“天水灵源”。

20世纪80年代以来，学界对天水名由重新审视，讨论热烈，否定传统说法，提出“祭祀之祠”说、“天汉”说、“天之水德”说等多种说法。其实，天水之得名和其所在的方位有关，和汉武帝崇祀太一、三一（即太一、天一、地一）有关，主要是和当时流行的阴阳五行观念有关，是由以上几种因素综合衍生的。天水者，“天一生水”之谓也。

现在一些介绍天水风物名胜的文章或书刊中大多都

有这样的开场白："天水古称秦州，因'天河注水'的美丽传说而得名。"这一流行的天水得名说，是今人为强解"天水"由来，从"郡前湖水冬夏无增减"的旧说中展开想象而创作的新传说。悬猜有上邽（今秦州区）干旱加大地震，天河之水灌注地震裂口成湖惠民，故汉武帝以"天水"命名新郡等情节。此说最早见于20世纪80年代所出的天水"览胜""史话"类图书，因"天河注水"名天水之说由此流行。其实，最经不起求证。

三、名胜古迹点将台

1. 天水市城区——秦州区伏羲庙、麦积区麦积山石窟。

游览指数★★★★★推荐指数★★★★★

2. 天水市城区——秦州区玉泉观、南郭寺、胡氏民居、天水市博物馆。麦积区仙人崖景区，石门山景区。市辖各县——秦安大地湾文化遗址，清水赵充国陵园，张家川关山云凤风景名胜区，甘谷大像山石窟，武山水帘洞石窟。

游览指数★★★★推荐指数★★★★

3. 天水市城区——秦州区后街清真寺、李广陵园、城隍庙、瑞莲寺。麦积区植物园、街子古镇、双玉兰堂、净土寺、卦台山、曲溪风景区、麦积区博物馆。市辖各县——秦安兴国寺、文庙、凤山风景区、秦安县博物馆，清水轩辕广场、花石崖、三皇谷省级森林公园、清水县博物馆，张家川宣化冈拱北、马家塬戎人墓地、张家川回族自治县博物馆，甘谷华盖寺石窟、古坡草原、甘谷县博物馆，武山木梯寺石窟、卧牛山森林公园、武山县博物馆。

游览指数★★★推荐指数★★★

4. 天水市城区——天水文庙、陇南书院、山陕会馆、万寿宫、天水师范学院、邵力子捐书陈列馆。市辖各县——秦安县女娲庙、可泉寺，清水县石洞山、小华山，张家川云鼎陶博物馆，甘谷县蔡家寺、文庙、姜维祠、尖山寺森林公园，武山县石岭下彩陶博物馆、滩歌明清一条街、老君山、鲁班山、草川大草原。

游览指数★★推荐指数★★

5. 天水市城区——赵氏宗祠、藉河风情线、中华东西路步行街、天一书店。周边各县——清水县牛头河十里风情线、红崖观，武山官寺。

游览指数★推荐指数★

旧方志记载的“秦州十景”

写方志必选“十景”，或择“八景”，这是文人雅士最赏心悦目的事情，现存的几部“秦州志”中都有“十景”之目，大致一样，略有不同。顺治《秦州志》为：天水盈池、麦积烟雨、伏羲卦台、诸葛军垒、南山灵湫、东柯草堂、渭水秋声、石门夜月、赤峪丹灶、玉泉仙洞。乾隆《直隶秦州新志》为：伏羲卦台、诸葛军垒、天水灵源、东柯草堂、玉泉仙洞、南山古柏、麦积烟雨、石门夜月、净土松涛、渭水秋声。光绪《秦州直隶州新志》为：伏羲卦台、东柯积翠、玉泉仙隐、渭水秋声、天水盈池、南山古柏、净土松涛、麦积烟雨、石山夜月、仙人送灯。

四、规划行程和行前参考

喜爱旅游的人其实大抵知道如何安排出行计划，但有些注意事项还得强调几点。

1. 卡定起止时间，合理规划行程，预订车票、住宿。尤其是旅游旺季，预订更显得重要。否则，有可能坐不上车住不了店。

2. 充分利用网络资源，了解旅游目的地基本情况。

马蜂窝 http://www.mafengwo.cn/

甘肃旅游网 http://www.tourgansu.com/index

天水在线 http://www.tianshui.com.cn/

另，天水市及所辖两区五县都设有政府门户网站，市县概况、历史文化、名胜古迹、特产美食都有介绍，资讯比较权威，可作参考。

3. 如果要深入了解天水历史文化，可查阅相关书籍，如《天水历史文化丛书》《天水地方志丛书》等。

天水旧方志和新编地方志，各县区均有，各大图书馆有藏。万方数据、中国数字方志库、中国国家数字图书馆等有电子版。

4. 最好带上自己的洗漱用具，既卫生又环保。宾馆一次性洗漱用具大多并不合用。注意当地气象预报，带足衣物。备好常用药，如感冒药、腹泻药、创可贴等。

5. 注意查看天水行政图、旅游交通图。天水市辖秦州、麦积两区，秦州区人民政府驻天水市城区，或者说秦州区和天水市城区重合。按天水当地人的习惯，麦积区城区用旧称叫“北道”，天水市城区叫“市上”。火车站和火车南站（高铁站）都在麦积区，和“市上”的距离分别是20公里和13公里。就是说出了火车站到“市上”还有好一段距离。如果预订宾馆一定要根据行程考虑这个因素，确定到底是订在麦积区，还是订在秦州区即“市上”。秦州区、麦积城区都属于市区，食宿条件相当，这个倒不必多虑。

6. 观赏秦安桃花、武山油菜花，要查看当地物候和权威部门发布的花事消息。

五、天水市旅游局推荐旅游线路

1. 天水市 1 日游行程

线路一：上午　麦积山石窟—汉唐艺术苑—仙人崖景区

下午　伏羲庙—伏羲庙步行街—胡氏民居—飞天雕漆工艺品广场

线路二：上午　麦积山石窟—汉唐艺术苑—仙人崖景区

下午　石门景区

线路三：上午　伏羲庙—伏羲庙步行街—胡氏民居

下午　南郭寺—玉泉观—李广陵园

2. 天水市 2 日游行程

线路一：第 1 天上午　麦积山石窟—汉唐艺术苑—仙人崖景区

下午　石门景区—街子温泉

第 2 天上午　伏羲庙—胡氏民居—飞天雕漆工艺品广场

天水市主要旅游景点示意图

下午　南郭寺—玉泉观—李广陵园

线路二：第 1 天上午　麦积山石窟—汉唐艺术苑—仙人崖景区

下午　南郭寺—玉泉观

第 2 天上午　卦台山—兴国寺

下午　大地湾遗址

线路三：第 1 天上午　麦积山石窟—汉唐艺术苑—仙人崖景区

下午　南郭寺—玉泉观

第 2 天上午　甘谷大像山石窟

下午　武山水帘洞石窟

3. 天水市 3 日游行程

线路一：第 1 天上午　麦积山石窟—汉唐艺术苑—仙人崖景区

下午　石门景区—街子温泉

第 2 天上午　卦台山—兴国寺

下午　大地湾遗址

第 3 天上午　甘谷大像山石窟

下午　武山水帘洞石窟

线路二：第 1 天上午　麦积山石窟—汉唐艺术苑—仙人崖景区

下午　南郭寺—玉泉观

第 2 天上午　卦台山—兴国寺

下午　大地湾遗址

第 3 天上午　张家川马家塬遗址

下午　清水温泉

线路三：第 1 天上午　麦积山石窟—汉唐艺术苑—仙人崖景区

下午　石门景区—街子温泉

第 2 天上午　伏羲庙—胡氏民居—飞天雕漆工艺品广场

下午　南郭寺—玉泉观

第 3 天上午　关山牧场

下午　赵充国陵园—清水温泉

线路仅供参考，畅游随心所欲。来天水也不限于一天、两天或三天，一切按自己的时间、兴趣安排。也可以一来再来。

第二单元

来天水和在天水

人头形器口彩陶瓶

秦安大地湾文化遗址出土，大地湾仰韶文化中期器物，现藏于甘肃省博物馆。高31.3厘米，口径4.5厘米，底径6.8厘米。细泥红陶，侈口，尖唇，溜肩鼓腹下微曲，小平底，双腹耳已残。器口为圆雕少女头像，刘海齐额，高鼻小嘴，五官端正，面容姣好。瓶体从上到下黑彩绘制三层大体相同的由弧边三角、月牙形和斜平行线构成的图案。是大地湾仰韶彩陶的代表作，也是史前时期集彩绘、雕塑、造型诸美于一身的艺术精品。

张府家菜

古代的大家族都是很会吃的，秦州西厢张氏也不例外。1900 年庚子之变，八国联军攻陷北京，光绪皇帝和慈禧太后西逃西安，时内务府少詹事秦州刘永亨随行。刘永亨，秦州西厢张氏姻亲，暗示张家适时竭尽心力接驾。于是刘之妹夫、渭南知县张世英侄孙秦州工商巨子张金鉴适时献银并献家膳。茶饭不思的光绪帝对张特进的张府家菜颇感兴趣，龙颜大悦，宣谕："张府家菜，菜俭，味细，养生。"据说，其中最受欢迎者是浆水拌汤。皇帝吃得高兴舒服，褒扬菜之外还奖赏张金鉴"诰封赏授正三品衔花翎顶戴通议大夫领候补道同职"。从此，张府菜声名远扬。宣谕圣旨现存，由张氏后裔珍藏。张府家菜是典型的天水本地菜，也是天水饮食文化的精华。

六、到达和离开

1. 民航

天水机场。在麦积区花牛镇，距中心市区 13 公里，距天水火车站 7 公里，据天水南站 1 公里。2008 年 9 月 28 日正式通航。至 2017 年，旅客吞吐量突破 10 万人。开通直飞航线的城市有西安、天津、大连、重庆、南京、杭州 6 市。可通过这些城市中转全国各地。另，天水机场西有兰州中川机场，通过宝兰高铁可达；南有陇南成州机场，通过十（堰）天（水）高速可达。

具体航班次请关注西部机场集团天水机场有限公司网页之最新航班信息。

机场售票处咨询电话：0938—2652000　2652008

阳光机票电话：96778

同程网、去哪儿网、携程网等各大电商均可查询订票

机场投诉电话：0938—2652012

2. 铁路

天水火车站。在天水市麦积区，距中心市区 20 公里，距天水南站 7 公里。出租车及 1 路、5 路、9 路、16 路、35 路公交车可达。出站即有出租车，随到随坐。

天水火车站

天水南站。南站是高铁站，在麦积区花牛镇赵崖村，距市区 13 公里。2017 年 7 月 9 日宝兰高铁开通运营，天水由此进入全国高铁网。有 66 条火车运营线路经过，每天始发、停靠在天水南站的动车组列车有 60 多趟。天水至兰州约 1 小时 30 分，天水至西安约 1 小时 40 分，天水至北京约 7 小时 30 分。出租车及 1 路、5 路、9 路、16 路、35 路公交车可达。出站即有出租车，随到随坐。

订票可登录 12306 中国铁路客户服务中心网，或在火车站直接购买。另，天水市区大众路、民主东路设有天水伏羲火车票代售点、天水丝路火车票代售点。列车时刻表可查询同程网、去哪儿网、携程网等网站。

天水伏羲火车票代售点

联系电话：0938—8215658

营业时间：8：00—12：00　14：30—17：30

地址：天水市秦州区大众路 26 号

天水丝路火车票代售点

联系电话：0938—8289736

营业时间：8：00—12：00　14：30—17：30

地址：天水市秦州区民主东路 128 号

3. 长途汽车

连霍高速及十天高速过境。县乡公路可达所有旅游景点。

天水汽车总站。在市区北关新华路，每天定时有班车发往市境内秦安等县，省内陇南、定西、平凉、白银、兰州等市，省外宁夏固原、银川、隆德等地，陕西汉中等地。另，每天有发往西安国际机场的大巴两趟，早班 6 时 30 分，下午班 16 时 30 分，票价 130 元，全程用时约 4.5 小时。

南湖汽车站。在市区南大桥北桥头，每天有班车定时发往省城兰州，市境内武山、甘谷、张家川等县及秦州区各乡镇。随到随坐，上车买票。

4. 市内交通

市内交通由天水羲通公交旅游集团承担运营，有公交运营线路 54 条，覆盖市区所有街道及景点，无人售票，票价 1 元、2 元、3 元。天水城市小，打出租车比较容易，起步价 5 元。有滴滴打车。

5. 常用电话号码

天水市区区号：0938

市内查号台：114

天气预报：121

市内电话查号台：114　外地长途查号：0938—114

号码百事通（有天水旅游宝典等）：118114

民航问询：8287899

铁路问询：4939757

报警台：110

火警：119

医疗急救中心：120

旅游投诉电话：8272259　8272659

甘肃第一辆小轿车

孔繁锦（1876—1951），安徽合肥人。清末陆军讲武学堂毕业。民国九年至民国十五年（1920—1926）任陇南镇守使，坐镇天水，独霸一方，人称“陇南王”。此君赶新潮、喜事功，修道路、办实业，不亦乐乎！另，购买小轿车一辆，轰动一时。对此，1959年民革天水市委员会编印的《天水地方史资料汇编》记述如下：“甘肃全省孔开了汽车先河，唯当时交通不便，汽车来甘不易，孔的汽车是从观音堂雇牛拉到天水的（沿途老百姓没有见过汽车的，认为汽车还是离不开牛），因为没有汽车路（以后虽修汽车路但没桥梁），汽车仅行驶于天水市，此外东到五里铺，南到莫家坡（五十华里），西到三十里铺，北到机器局后之仁寿山下。因此孔不常坐汽车，唯每逢大节日或招待来宾间一用之，可是司机与汽油，是经常准备着的。孔酷爱出巡，每出必坐绿呢大轿，有两班轿夫，上山的时候征人民二十或三十人拉纤，前后马队护卫，有坐蓝呢轿的随从秘书参谋，有搭杏黄大旗的，有背令箭和印信的，前呼后拥，大将军真是八面威风（袁世凯封孔为铭威将军）。”

按：文中所言“汽车”即小轿车，据说是从上海或汉口购买的；“观音堂”应即今陕西武功观音堂。

七、住宿

1. 住宿指南

天水市无论是市区还是县城乃至繁华乡镇，都有不同档次的宾馆或旅社，数量还颇多。你来天水，即使在旅游旺季也能保证有地方住。

四星级宾馆的价格约 400 元 / 间，三星级宾馆的价格约 200 元 / 间，二星级宾馆的价格约 120 元 / 间。可按需要选择。去哪儿网、携程网、艺龙网等都可预订。通过北斗卫星地图、百度地图、360 地图等可以查到宾馆名称、位置、途经公交车及宾馆号码等。当然还可以看北斗卫星地图、谷歌卫星地图，查询你要住的旅馆具体位置之详情。住宿很影响心情，预订时请多看几眼点评，不要被美图蒙蔽了。还要顾及周围的交通情况、是否带早餐、餐饮如何、是否有 WiFi 等。一般而言，老宾馆设备较陈旧，但院落宽阔，停车方便；新宾馆服务好，设施完备，但大多不好停车。

天水星级宾馆一览表

名　称	地　址	总台电话	星级
阳光饭店	秦州区中华西路步行街	8271666	四星
南苑山庄	秦州区南郭路南郭寺景区	8622555	四星
华辰大酒店	秦州区岷山路	8611111	四星
皇城国际饭店	秦州区成纪大道长途汽车站对面	8395566	四星
华天电子宾馆	秦州区双桥路	8631288	四星
天水宾馆	秦州区迎宾路	8615555	三星
金龙大酒店	秦州区中心广场西侧	8288888	三星
天水饭店	秦州区泰山东路	8214056	三星
天辰大酒店	秦州区中心广场北侧	8391888	三星
华联大酒店	秦州区中心广场东南	8215501	三星
凯悦大酒店	秦州区民主路	8215888	三星
天水迎宾馆	秦州区建设路	8212921	三星
友谊宾馆	秦州区光明巷	8298008	二星
新旅宾馆	秦州区泰山东路	8279646	二星
金泰宾馆	秦州区岷山路	8239688	二星
植物园山庄	麦积区麦积植物园	2231025	四星
山水苑酒店	麦积区埠南路	2652888	四星
地质宾馆	麦积区羲皇大道天水市二中对面	2898666	四星
东安饭店	麦积区陇昌路	2613333	三星
东方宾馆	麦积区火车站正对面	2733333	三星
绿岛大酒店	麦积区泉湖路	2728208	三星

万利大酒店	麦积区埠南路	2651188	三星
蓝琴大酒店	麦积区渭河南路	2726999	三星
麦积大酒店	麦积区天水火车站广场西侧	4929320	二星
陇林饭店	麦积区渭河南路	2735594	二星
虹桥宾馆	麦积区陇昌路	6837222	二星
恒利宾馆	麦积区埠南路	2738128	二星
秦融宾馆	秦安县成纪大道中	6522448	三星
秦安饭店	秦安县成纪大道 101 号	6532811	三星
清水温泉度假村	清水县暖弯村	7400666	三星
金成大酒店	甘谷县大像山镇南滨河路	6826666	四星
甘谷饭店	甘谷县东大街	5636989	三星
三和园宾馆	甘谷县康庄东路	5629888	三星
甘谷七天阳光饭店	甘谷县连霍高速甘谷出口向左 500 米	4965288	二星
武山藏龙生态园	天水市武山县高速出口向西 50 米	6886060	三星
宁远宾馆	武山县宁远大道北侧	3429066	二星
锦德瑞宾馆	张家川回族自治县滨河西路行政广场对面	7816888	四星

天下宾馆大同小异。不过，还真有风格独特的宾馆。兹介绍几家掩映在青山绿水之间的宾馆，以供选择。如有闲暇，优哉游哉住上几天，应是不错的选择。因为住在这里，满眼风景，满心安宁，的确是一种悠然自得的享受。

2. 特色宾馆

| 植物园 · 小陇山植物园山庄 |

到达：驾车者行至麦积山停车场，左侧有车道，请注意指示牌，在去麦积山石窟之半道进沟即达。另，游完石窟之后向东南上石台阶，翻过山梁约 2 公里亦可达。

电话：0938—2231025

此山庄和麦积山石窟仅一梁之隔。植物园是小陇山林业实验区的树木综合研究基地，平均年降水量 800 毫米，占地约 5581 亩，定植引种驯化各类植物 2200 多种，森林覆盖率达 92.7%，负离子含量 2000 个 / 立方厘米以上。翠峰夹峙，花木竞发，溪水潺潺，

小陇山植物园山庄远景

植物园瀑布

百鸟和鸣，乃大自然之大美景也。

小陇山植物园山庄即在园内，园林式建筑，集餐饮、住宿、娱乐为一体，总建筑面积 1.2 万平方米。四星级。有欧美风情别墅 7 栋、综合接待大楼 1 栋、野外小木屋 10 栋；计有各式客房 140 间，其中豪华套房 5 间、普通套房 10 间、豪华商务标间 114 间、小木屋标间 20 间、豪华单间 11 间；有大、中、小会议室 4 间，可容纳 300 余人；配备中式餐厅，可容纳 300 人同时就餐，餐饮以新派川菜、天水菜和山野菜为主，可提供特色小吃 200 余种；配套有多功能娱乐厅及健身中心。植物园宜居宜游，夏天清凉清静，令人无比受用。西汉末年称雄陇右的隗嚣在这里建有避暑宫，可见此地是历史悠久的避暑胜地。大多数游客或因时间安排较紧，或不太注意，就将植物园忽略了。其实，你买的麦积山石窟门票里就含有植物园参观门票。

| 兰州饭店天水和谐园 |

到达：于天水市区兰天广场秦州公交站乘 16 路公交车、于天水火车站乘 37 路公交车均可直达。另，麦积山石窟停车场有景区公交车可达。

电话：0938—2239030

在麦积山风景名胜区之仙人崖景区，距麦积山石窟 15 公里，距净土寺 2 公里。园区占地约 180 亩，绿化率达 70% 以上，集餐饮、住宿、娱乐为一体，建筑呈点式布局，园林特色，总面积约 2.1

和谐园全景

万平方米。有接待楼 3 栋、别墅 2 栋、各种客房 95 间，其中标准间 68 间、单人间 3 间、商务间 6 间、套房 9 套。有多功能会议厅 1 间、小会议室 7 间。配备中餐厅、西餐厅、清真餐厅，有宴会厅 1 个，大小包间 7 个，可容纳 300 人同时就餐。另配套有商场、歌舞厅、酒吧、游泳馆、网球场、康乐中心等。园区周围山清水秀，空气清新，名胜景点环绕，园内可居，园外可游。尤其是夏季，避暑养生两相宜。

| 麦积山温泉旅游酒店 |

到达：于天水火车站乘 38 路、48 路公交车可达。

电话：0938—2978888

在麦积山风景名胜区内，和中国历史文化名村街亭村毗邻，距麦积山石窟 15 公里，距天水火车站约 21 公里，距天宝高速街亭出口约 3 公里。酒店园区占地 175 亩，建筑面积 4.4 万平方米。集洗浴、游泳、休闲养生、住宿、餐饮、娱乐等为一体。四星级酒店标准。有风格各异的温泉池 64 个，分为动感区、自然养生区、

麦积山温泉室外游泳池

伏羲文化区、叠水景观区、情侣区、大型温泉SPA区、儿童戏水区等。其温泉系地下裂隙承压水经大理岩加热形成，矿化度小于0.5克/升，为重碳酸钙型，是含有氡、氟、二氧化硅、锶、铁、硼、硫等19种矿物质的氡泉，出水温度45℃，对高血压、各种皮炎、慢性关节炎、坐骨神经痛，各种麻痹、痛风、糖尿病等多种疾病都有一定的疗效。有客房173余间（套）。有多功能会议厅1个，其他会议室6个。配备中餐，有宴会厅1个、豪华包厢9间，可同时容纳300人用餐。温泉综合楼配备有休息厅、自助餐厅、棋牌室、网吧、KTV、康体健身、高级SPA理疗房等服务设施。酒店四周山谷幽深，重峦叠翠，清水潺潺，风光旖旎。历史名村赏美景，世外桃源泡温泉。

清水温泉度假村

到达：于天水市区北关天水汽车站或麦积区天水火车站乘班车至清水县城，转乘县城 2 路公交车或出租车即达。

电话：0938—7400666

国家 3A 级景区。

在清水县城东北 8 公里的汤峪河谷。温泉开发历史悠久，北魏《水经注》有载，北宋以来即被利用，有庙宇、汤池等建筑，自古为陇上休闲旅游胜地。明清时为清水八景之一，称“汤峪温

清水温泉度假村客房

泉”。留存古碑 2 通，诗碑有云 :“天留千载泽，池贮四时春。”温泉属含氡的硫酸根钠钙型高热泉，水温 54℃，日涌水量 576 吨，水中含元素氡、矿物质及锂、锗、硅、硼、锶、锌等多种人体必需的微量元素，其中被誉为“生命之花”的锌含量居全国温泉之首，为全国十三大名泉之一。长期洗浴，对皮肤病、关节炎、神经衰弱、心血管等多种疾病均有疗效。20 世纪 50 年代，甘肃省总工会在此建有工人疗养院。温泉所在的汤峪河谷，有风景林 3000 多亩，森林覆盖率达 90% 以上，坡谷披绿，环境幽美，或总结为“蓝天，碧水，青山，绿地，温泉”。1992 年被列为甘肃省省级森林公园。因有此名泉，2012 年清水县被中国矿业联合会评为“中国温泉之乡”。2013 年始，清水县举办温泉消夏养生旅游节。景区现由温泉度假村、甘肃省体育训练基地、大地温泉三部分组成，总建筑面积 2.5 万平方米，设有客房、餐厅、会议室等。度假村有不同档次标准的客房 200 多间，有冲浪浴、芬兰浴、桑拿浴等高级洗浴设施及室内游泳馆、露天游泳馆。体育训练基地是一处集体育训练、比赛、游乐为一体的体育场所，占地 120 多亩，有风格独特的宾馆、室内游泳池、别墅、人工湖等。来清水温泉，可沐浴疗养、休闲度假、避暑观光、游泳健身。可游一时，也可以优哉游哉住上几天。

武山温泉度假村

交通：武山县洛门镇汽车站有公交车可达。

电话：0938—3527097

在武山县城东南 20 多公里的温泉乡，东面毗邻甘谷磐安镇，又称矿泉，古称汤池林，《水经注》称温谷水。“南峪温泉”为明清时宁远八景之一。清康熙《宁远县志》说:“温泉山,有温泉若沸，沐以疗疾。”温泉源出树木参天、风景如画的炉子山。山腹部的大小汤沟分布着 10 余处喷泉，清亮的温泉从花岗岩裂隙中涌出。泉水温度最高达 60℃,平均温度 38℃ ~40℃;最大泉水涌出量 0.45 公升 / 秒，日流量 800 吨。为低硫高酮负碳酸温泉，是中国 5 大氡化矿泉之一。水质富含碳酸钠氡，可有效改善和加强中枢神经的功能，对各种皮肤病、心血管病、运动系统疾病、神经紧张症、

武山温泉客房

风湿性病和各种功能障碍性疾病都有疗效。20世纪50年代，甘肃省总工会和兰州铁路局先后在此建有矿泉疗养院和铁路工人疗养院。现有兰州铁路疗养院、甘肃省卫生厅直属疗养院和乡建疗养院3处，占地200余亩，建筑面积1.38万平方米，开设床位200多张，水疗之外，还有电疗、蜡疗、磁疗、竹管疗、电熨疗、针灸、按摩等理疗设施。另配有较为完善的游泳、钓鱼、登山及吃、住、行设施。疗养区东、南、西三面群山环绕，安静幽雅，空气洁净，是疗养、康复、保健、旅游的理想之地。

八、饮食

旅游嘛，其实就是看美景，品美食。俗话说："兵马未到，粮草先行。"看好了，吃高兴了，才算完美。在天水旅游，不愁吃不上饭，大街小巷，景点周围，随便什么地方都有得吃。市区或县城，川菜、粤菜、湘菜等各大菜系，高中低档，应有尽有。至于一些外地的特色名吃，如重庆火锅、陕西肉夹馍、兰州牛肉面、山东煎饼……也是应有尽有。一句话，吃不是问题。但是，来天水旅游，吃天水地道的特色美食，才称得上"善之善者也"。

1. 宴席

天水人的饮食习俗，平常就是家常便饭，"过事情"即重大的节庆活动，如婚丧嫁娶、过生日时要上宴席。宴席分上等席、中等席、普通席。上等席有燕菜席、鱼翅席、海参席等，中等席有鸡肘十三件、十全席等，普通席有八大碗、六君子、四盘子等。略作解释，“燕”即燕窝，叫燕菜席，菜品须得有燕窝。同例，鱼翅席、海参席，菜品须得有鱼翅、海参。鸡肘十三件则菜品须得有清蒸全鸡、红烧蹄肘。“十全席”要上够十道菜，鸡、鱼、八宝饭都得有。“八大碗”则是酒碟之外八道菜品都用大碗上。“六君子”为二道主菜再加四个座菜。“四盘子”最简单，大盘高装酒碟一个，座菜四个，主食烩菜、蒸馍管饱。

在农家小院自请厨师或自己做待客的宴席不常有。但在城区一些“老天水”风味的餐馆、饭店，传统宴席上的一些主要菜品如杂烩、里脊、扣肉等，只要你愿意点，天天都可以吃得到。

2. 年菜

过年了，辛辛苦苦一年，古训说“宁可穷一年，不可穷一天”，总得做点好的吃。照例要准备年菜——基本上都是带肉的菜品，如杂烩、里脊、扣肉（有虾酱肉、梅菜扣肉、粉蒸肉、糟肉等）、黄焖鸡、黄焖排骨、瓤白菜、八宝饭等。加上杀猪，煮肉，炸馃馃，蒸馒头、花卷、大馍馍，剪窗花，贴对联，年味便气氛浓郁、热热闹闹地来了。其主要菜品，都可称之为蒸菜，做好，蒸熟，没冰箱的年份放在室外阴凉处冻着，现在有冷冻设备更好办，置冰箱、冰柜而存之。自家吃或招待客人，想吃什么拿出来蒸透即可以上桌，热气腾腾，满屋飘香。

天水里脊

天水扣肉

天水市境城乡都有备年菜的习俗，在做法上略有不同，但品类大致一样。如扣肉，天水城区喜欢做梅菜扣肉或粉蒸肉，而我的老家武山喜欢做糟肉。年菜中的经典应是杂烩、里脊、黄焖鸡、瓤白菜、八宝饭，这些菜品必须得推荐。至于扣肉，食材为大片五花肉，成品色彩艳丽，加上热蒸荷叶饼或花卷，吃着过瘾带劲，你如果不受现在时髦的饮食观念——“肥肉不能吃”的左右，则不妨一试。而年菜中的经典是杂烩。兹附制作方法：

杂烩雅名“全家福”，由丸子、响皮、夹板肉、水烧肉、瘦肉五种半成品食材烩成。

炸丸子。用肥瘦各半细肉馅，加花椒面、盐拌入味，每斤肉二两粉面、两个鸡蛋，然后搅拌均匀，注意要搅打上劲，俗话说，三百六十搅，再入油锅炸，丸子才会圆。

发响皮。程序是一泡、二搅、三发。将煮熟沥干的猪肉皮提前用碱水刷洗干净，热水透碱至净，晾干，凉油下锅，烧热到干肉皮回软、收缩时，改小火，泡 20 分钟。而后烧热油，响皮开始发泡浮起，不停翻搅，待到全部发起后捞出。最后，再逐片用勺压入油中，发色淡黄，回软即熟。

蒸夹板肉。一是选肉，原料要用前肘上面、先板骨下面的肉，其色泽深红且筋大；二是搅打肉馅，将选出的肉剁成细馅，拌入盐、花椒面，每斤肉加二两粉面、两个鸡蛋，像搅打丸子肉馅一样搅打上劲；三是摊鸡蛋饼，鸡蛋液加盐、粉面，搅打均匀，温火摊厚、摊老，不翻，彻底定型后，出锅置温凉；四是压肉，注意铺压肉馅前，要在温凉的鸡蛋饼上抹上搅拌好的蛋粉糊，以

天水杂烩

增强鸡蛋饼与肉馅的黏合度，肉厚一指，以牙签扎气孔；五是蒸肉，水开后用小火蒸，时间控制在30分钟之内。

水烧肉。带皮肉留一寸厚，煮断生，用筷子能扎透为宜，肉厚处无血水，趁热抹少许蜂蜜，四角处都要抹到，反复搓匀，然后用热油浇成枣红色，再捞入炖完肉的汤锅中，把炸干的皮泡软。注意，烧肉时用小锅，下锅的同时左手要拿上锅盖，以防热油溅出。

瘦肉煮熟即可。

扣碗。将夹板肉、水烧肉、熟瘦肉、响皮切成一样长宽的条，长度以扣碗为准，碗大则条长，碗小则条短，各条摆放到位后必须要和碗口平齐，否则，翻入盘子即散。摆放时，按五个正方形、四个三角形的造型进行，正中间纵放四条水烧肉、上方横放四条瘦肉、下方横放六条响皮、左右各横放四条夹板肉、四个角各放三个丸子，然后用丸子或瘦肉将整个碗中央填平实。最后，放葱段、姜片、盐，灌清汤，蒸40分钟，翻入窝盘或大海碗，加汤即成。

做起来很复杂，是吗？不过，吃起来并不复杂，哈哈！各盛小碗，连喝带吃，清爽，可口，营养。点杂烩的时候要注意，现在一些饭店为图省事，主料夹板肉、丸子均由市场采购，这样做出来的杂烩就完全失去了本味。

做年菜，费时费工，比较麻烦，现时一些本地菜馆届时推出年菜系列，以供订购。还有专做年菜的饭店，将年菜常年化，常年订购或在铺面销售。

天水酒碟

说到年菜，不能少了天水酒碟、暖锅子、油炸馃馃。

天水城乡酒风甚盛，过年招待人，上酒必不可少。上酒得有下酒菜，于是就有了天水酒碟。基本食材为胡萝卜、黄豆芽或绿豆芽、菠菜、油炸豆腐片、猪头肉、猪肝，辅料有葱丝、姜丝、辣椒丝、胡麻油、香油、花椒油、醋、酱油等。好看，好吃，营养全面，做起来也简单快捷。现时天水酒碟已成为一道名菜，除天水风味的饭店餐馆有之外，一些川菜馆也有这道菜，以至省城兰州一些菜馆也有。不喝酒也无妨，天水酒碟也是上好的下饭菜。

暖锅子，这是近些年时髦的叫法，原先就叫锅子。所谓锅子就是既可以盛菜又可以加热菜的复合餐具，一般是砂锅子、铜锅子，间或有景泰蓝锅子。基本食材为白菜、萝卜、豆腐、丸子、夹板肉、五花肉（或排骨、红烧肉）、粉条等，辅料有姜丝、辣椒丝、蒜苗丝等。提前分类装好，上菜前加高汤，引燃锅子炉膛的木炭火即可。一家人围坐，锅子盛菜，边煮边吃，喜气热火。过年真是少不了暖锅子。当下天水风味的饭店餐馆如市区东关十字的老

装好的锅子

天水真味厨房、麦积区桥南的八大碗等饭店都备有暖锅子，也有专营暖锅子者，如天水市第三中学斜对面的大地湾锅子。

过年，炸油馃馃乃天水城乡每家每户必备之美食。每至年关，也是巧媳妇大显身手之时。馃馃在油锅里炸开花，年味立马就满屋满院了。馃馃花样繁多，香甜可口，就着罐罐茶，是绝配。此物现在成为日常面点，市场有售。

3. 家常菜

天水家常菜基本上是清炒时蔬或肉炒菜，口味比较清淡。清炒时蔬如醋熘白菜、醋熘瓜片、茄子烧豆角、烧三样、干煸豆角、酸辣洋芋丝、手撕包菜、虾米冬瓜、干锅菜花、虾米萝卜丝、香菇油菜、清炒油麦菜、清炒茼蒿、韭菜炒鸡蛋、西红柿炒鸡蛋、家常豆腐等等，肉炒菜如蒜薹炒肉、洋葱炒肉、木耳炒肉、木须肉、红烧排骨、清炖鸡，等等。这些菜品在天水风味的饭馆均有，也是各种农家乐常备菜品，可按自己喜好享用。风味独特者有秦安肚丝汤、鸡脯鱿鱼汤等。

享誉陇上的秦安肚丝汤

秦安肚丝汤是秦安的标志性名吃。到秦安去，享用美食，肚丝汤无疑是首选。肚丝汤主料为猪肚，辅料为玉兰片、菠菜、干辣子、葱、姜、蒜等。汤色黄亮、肚丝漂游，吃起来酸麻可口，辣在其中，回味无穷。秦安肚丝汤风味独特，据说关键在于本地碱性较大的饮用水，离开秦安，以同样的方法、同样的原料制作，也只有似是而非了。

4. 野菜

野菜原本用于救荒。明代徐光启的《农政全书》就附有《救荒本草》和《野菜谱》。时下野菜已成为餐桌上的常见菜肴，不但好吃，还有食疗功能。天水地跨黄河、长江两大流域，地形多

香椿炒鸡蛋

凉拌荠荠菜

时令野菜——香椿

时令野菜——乌龙头

时令野菜——五撮菜

时令野菜——荠荠菜

样，盛产各种木本、草本野菜。春夏之交，正是野菜集中上市的时节，此时来天水，不可不吃野菜。其主要品种有乌龙头、国槐芽（槐点）、香椿、花椒芽、核桃花、荠荠菜、灰灰菜、苜蓿芽、蕨菜、鸡娃菜、蒲公英、苦苣、五撮菜、白蒿、薤蒿、天萝卜等。野菜多以凉拌上桌，也可热炒。乌龙头炒腊肉、香椿炒鸡蛋、国槐芽炒腌肉、苜蓿芽炒肉等都是无上美味。以上炒菜之外，推荐菜品——凉拌乌龙头、凉拌香椿或香椿拌豆腐、凉拌荠荠菜、凉拌五撮菜、凉拌苦苣芽。有些饭店常年备有冷冻香椿、乌龙头等野菜。不过，野菜是时令菜，最好是即采即食，冷冻后口感会大减。香椿或有温棚种植者，其口感、营养和野生的相去甚远，吃者可要注意啦！

5. 小吃

说到天水小吃的代表，无疑是面皮、凉粉和呱呱。

面皮、凉粉境内城乡均有，调制略有差异，随处都可以品尝。至于呱呱，那可是天水秦州、北道两区城区的独一味，其他地方一概没有。据说有人试图在外地开店，终不得其利，外地绝对开不成卖呱呱的店面或摊子。呱呱是天水传统的地域美食。相传西汉末年，隗嚣割据天水时，其母朔宁王太后对呱呱特别嗜好，每隔三日必有一食，于是成为皇宫御食。后来隗嚣兵败，御厨逃离皇宫，隐居天水，在城中租一铺面经营呱呱，于是呱呱流行民间，成了民众的“撩嘴”佳品。天水城里人习惯以呱呱为早餐，春夏秋冬恒久不变。清早起来，就是满碗流红的呱呱，外地人咋都不习惯，而当地人习以为常。如果说兰州人的一天是从一碗牛肉面开始的，那么天水人的一天无疑就是从一碗呱呱开始的。吃呱呱上瘾，有些人几乎“不可一日无此君”。或以为呱呱是天水人的食魂，一段时间

面皮、凉粉合拼

不吃就像丢了魂。在外地的天水人，闻说家乡来人，首先想到的是让对方带一碗呱呱。呱呱无疑也是外地天水人的乡愁。来天水旅游，当然要吃呱呱。如城区箭场里、育生巷都是吃呱呱的好地方，有“常记呱呱”等品牌。另，天水风味的饭馆也都有呱呱，可以点上一份。有些是三合一，即呱呱、面皮、凉粉一盘装。兹附制作方法：

主料，荞麦糁（方言读 zhen）子。3.5 斤荞麦糁子加水后可做成一个常用大脸盆的呱呱。

呱呱制作。一是荞麦去壳，粉碎后筛选为纯净的糁子备用；二是将糁子盛入容器，加 30℃ ~35℃的适量温水（水以漫过糁子为宜），浸泡 60~80 分钟，以大拇指和食指轻搓糁子可成细粉；三是将浸泡好的糁子沥干水分倒在案板上，用手使劲搓揉成细粉末状；四是将其放

辣子打扮的红呱呱

入容器加适量凉水，搅拌成类似浓牛奶的稀糊状；五是将糊糊用细丝箩过滤，去杂质；六是将过滤好的荞麦糊糊倒入锅中，文火边烧边搅，搅至搅团状；七是出锅盛入盆中，将锅巴整块铲出覆盖其上，冷却温凉后即成呱呱。

料汁调配。一碗入味呱呱所需的料汁：红油 2 勺、芝麻酱半勺、香油半勺、醋 1 勺半、酱油 1 勺、蒜泥汁 1 勺、糖半勺、盐半勺、芥末 1 勺。

调制。捏碎温凉的呱呱，撕几小块锅巴，盛入碗中，加入料汁调拌均匀即可。

“呱呱”二字如何写法，颇有争议。或考证应是“瓜瓜”，或写为左“饣”右“瓜”的自创字。通行的写法便是“呱呱”。或解释——独特美食，顶呱呱，“呱呱”名副其实；或概括——呱呱其实就是荞面锅巴，状其大概，亦无不可。

6. 各种面食

天水城乡饮食以面食为主，每天少不了面条或面片。以天水市区为例，中午是面条或面片，晚上米饭下菜，基本如此，很少改变。旅游行程紧密，快捷为上，面食自然为首选，经济实惠，节省时间。天水所有的饭店餐馆都备有面食，不过大饭店的“面”是吃风味，碗小价高。要吃好吃饱，当然要上面馆。天水面食应有尽有，举其大者，有臊子面、浆水面、炸酱面、打卤面、炒面片、烩面片、炒麻食、烩麻食、蓬面、碎面、馓饭、面鱼、搅团，等等。全国各地的名面也在本地入驻生根。总之，你来天水，一定能吃上你想吃的面。兹介绍几种天水的特有面食。

| 浆水面 · 浆水拌汤 |

浆水面本是天水城乡均有的家常便饭，现在则是各大饭馆必备的主食之一。浆水缸是天水人的居家宝，每家皆有。所谓浆水面就是用浆水（原浆水要兑水）做汤头的面条或面片。浆水即酸菜，只是做成饭以后，习惯叫浆水面或酸饭，不叫酸菜面。浆水是连菜带水，不是单纯的水。此物最具地域性，即便是在甘肃，也不是遍及全省，画个浆水地图，有天水、陇南、定西、兰州、白银等市，约莫半个甘肃省。浆水制作原料有野菜如苦苣、荠荠菜、苜蓿等，有时蔬如芹菜、卷心菜、白菜、萝卜、蔓菁、芥菜、香菜、洋芋等。开水煮菜至将熟未熟，一同倒入浆水缸，再加小麦粉拌成稀糊糊，再加用以发酵的引子（天水习惯叫角子），即已发酵好的浆水，盖上盖然后捂一两天，待完全发酵即可食用。做浆水面时，先要炝浆水——在锅内倒油少许，烧至七成热，将葱花、蒜片、辣椒丝煸至焦黄，投入浆水，烧开即成浆水汤头。浇在煮好的面上，便是酸香溜爽的浆水面了。同是浆水，兰州的吃法是清浆水不带

一窝浆水面片

菜，天水是带菜浆水。浆水营养丰富，清热解毒，的确是好东西。改革开放之前，食物匮乏，居家户的依赖便是浆水和洋芋。说有一位留洋博士，纳闷天水农村以浆水为家常，每天食用，而不见营养缺乏，便带了一罐头瓶浆水去英国实验室化验，惊奇地发现蔬菜发酵之后在保留原有营养的基础上能产生许多对人体有益的氨基酸，好东西啊！来天水，当然要吃浆水面。小麦粉面条、面片之外，还有浆水玉米面片、浆水杂面（豆类和小麦之面）等。

疙瘩醋拌汤大家可能比较熟悉。有面疙瘩的汤，不加别的只加浆水就成了浆水拌汤。天水人在饭店待客，菜上齐之后，通常要点一窝浆水拌汤，既是主食又是汤，美气得很。

| 乌龙头打卤面 |

天水打卤面的特点是面宽、碗大、臊子大而稠，与面条紧黏在一起，美味营养。臊子中一定要有山珍野味乌龙头，微带清苦，很是上口。做法：先把乌龙头、芹菜、木耳、豆腐干、大肉、夹板肉、煎蛋饼等切成大块或大片，或滚刀块，再配上切成大段的黄花菜与汆好的丸子，加肉汤烩好，以淀粉勾

天水打卤面

芡即成汤头。吃时，把宽扯面捞入碗中，浇上汤头，再调上油泼辣子、醋、蒜泥、麻酱、芥末等佐料，即是荤大卤面。臊子中不带肉则为素打卤面。天水有的是专营打卤面的面馆，如城区滨河南路逸夫中学西侧的杨师傅面馆。

| 天水麻食 |

当地人称麻食子，也就是山西、陕西人称的猫耳朵。麻食是以小麦粉软面搓成。具体做法,将和好揉光的软面团搓成细长条，顺手掐成小粒，在新编的草帽上或直接在案板上用大拇指使劲一搓，卷成约 1 厘米长的猫耳状小卷即是。而后做成带汤的烩麻食或不带汤的炒麻食，也可浇荤、素卤子吃。麻食滑爽、热乎、耐饥饿。天水风味的面馆均有。

| 天水素扁食 · 清水扁食 |

扁食是天水的传统美食。模样和馄饨类似，素馅，一般是萝卜、豆腐。汤头有荤有素，荤者食材主要为蛋皮丝、海带丝、虾皮、葱花、香菜、肉臊子等，类似馄饨汤；素者以菠菜、豆芽、胡萝卜丝、木耳等各种蔬菜素烩勾芡而成，类似打卤面汤；也有干拌者。天水城区街巷有多家扁

天水干拌扁食

清水荤扁食

食馆，名店有市区交通巷的憨厨子扁食、天水市供电公司重新街住宅小区东侧的夏扁食、双桥路的刘记素扁食等。

扁食也是清水的传统美食，现在成为清水人早餐的首选。清水县城扁食餐馆遍布大街小巷，有上百家之多。每天早上扁食名店门前总会有排着长队耐心等待的食客。或曰：清水人的一天是从一碗香喷喷、热腾腾的扁食开始的。清水扁食重汤轻馅，里面包的东西简单，或大葱或韭菜，少许再少许，在似有还无之间。或不包馅但做成扁食状，俗称“瞎扁食”。现包好的扁食呈耳朵状。汤分荤素，即带肉臊子的和纯蔬菜的。在传统扁食基础上，近几年又推出核桃、酸菜、杂粮等多种扁食。名店有清水县城兰天家园南侧好再来扁食馆、中山中路的王师扁食馆等。

天水馄饨

天水馄饨葱末肉馅，皮薄馅大。特别讲究汤头的鲜、亮、清，佐料为鸡丝、鸡汤、海带丝、蛋皮丝、榨菜丁、香姜末、虾皮、香菜、葱末等。天水市区有标明“老馄饨”“大馄饨”等的馄饨馆多家，可择而食之。

天水鸡丝清汤馄饨

秦安辣子面

手擀面、杠子面或机器压面煮熟，捞入碗内，调上油泼辣子、醋、盐、姜粉、香菜、葱花等，加入一小勺肉汤，再干拌即可。出饭时店家会送上一碗浆水汤或醋汤，以饭就汤，连吃带喝，带劲。秦安县城有多家辣子面馆，你就挑人多的进去吃。主要是吃那个辣味儿。秦安人把辣子面当早餐吃。

秦安辣子面

甘谷素面

也叫葱花面。将手擀面或机压面切成寸许宽条备用，客人落座则快速下面。面煮熟后捞出，在凉开水锅中一淘，捞入大碗，而后配以特制的葱花、豆腐、菠菜，调上甘谷油泼辣子、醋即可食用。要吃着香看着香，诀窍——多调甘谷油泼辣子。

甘谷素面

武山臊子面

武山当地人叫“面”或“扯面”。家里吃是手擀面,讲究劲道。旧时过门的新媳妇第三天要做试手面，主要看面是否擀得劲道。面劲道则吃着爽，吃了耐久。街上的臊子面是扯面。行商是面担担，扯好了挑在担子上卖，顾客吃的时候，面在汤汁中一热再上手；坐商是现扯热卖。卧面、扯面和兰州牛肉面基本相同。汤汁有两种，荤的和素的。肉臊子另放，不加肉臊子就是素的。武山臊子面是清汤臊子面，也有丁状的时鲜蔬菜，提味上色主要靠葱花。到了武山吃什么？当然是臊子面。名店有洛门镇的薛家臊子面馆、县城的王师面馆等。武山臊子面各乡镇都有，你看着哪家人多就进去来一碗，不会有错。网友的描述是这样的：“光其汤，就不同一般，不论是素的还是肉的，选材配料，都是依照家传配

武山臊子素面

方。素汤清淡幽香，多加入切成丁状的时鲜蔬菜，营养丰富又口感清爽。肉汤浓香四溢，肥而不腻，老远闻见，就令人垂涎欲滴。卤是老卤，汤是老汤，看似普普通通一锅汤，竟是多少辈人传承下来的。盛汤的锅，则更是有讲究。铁的不成，铝的不中，必须是民间烧制的粗砂锅。那老汤只有盛在这种看似粗糙，又经年累月被烟熏火燎得黑乎乎的粗砂锅里，才可以保持传承数百年而风味不变。同时提供素汤和肉汤，又给不同口味的人们以各自灵活的选择，更多体现出古镇海纳百川的人性化关怀。”

“受气面”

说起武山洛门的薛家臊子面，那是有典故的，人们戏称“受气面”。我的朋友史国栋有文《洛门受气面》，是这样记述的：“洛门镇有一家老面馆——薛家面馆，因为所卖臊子面口味地道，量也大，多年来一直是顾客盈门。但面馆主人老薛头性情古怪，为了保持薛家臊子面的原汁原味，有人想添加一些如醋、盐、辣子等佐料，往往遭到老薛头的抢白，久而久之，人们就给薛家臊子面起了一个名字：受气面。受气归受气，但由于老薛头的臊子特别注重选料，瘦肉占了绝大多数，兑的汤汁一直坚持卤汁鸡汤调配，面拉得又均又匀，且一天就做固定量，往往是中午一过就没有了，成了洛门最负盛名的面馆。”

馓饭·搅团·面鱼

是为天水传统的家常便饭。将玉米面在沸水中搅稀就是糊糊，再搅啊搅，能捞到筷子上就是馓饭。在馓饭的基础上再加面，再搅啊搅，硬如发糕，则是搅团。馓饭一般用玉米面做，而玉米面搅团之外还有荞面搅团。农村吃馓饭，一般是把洋芋直接搅到馓饭里，就着咸菜吃。天水城里人讲究，吃馓饭须得配几个小菜，如洋芋丝、红白萝卜丝、生腌韭菜、炒白菜、干炝酸菜等，还可加蔬菜炒肉，不一而足。有些天水风味的饭馆备有馓饭，是套餐，即馓饭配四菜、六菜或八菜，其实是以馓饭为主食的馓饭宴。搅团有浆水搅团、醋搅团，浆水搅团像浆水面一样是浇浆水汤头，醋搅团是浇臊子汤头加醋。馓饭的“馓”或认为本字是“糁”，不过“馓”大家都用惯了，其带着“饣”旁，看着也像，且“糁”

天水居家户的配菜和馓饭

调好的面鱼

制作中的面鱼

是多音字，读音不好把握，感觉还是用“馓”的好。

面鱼，天水人叫锅鲰（即小鱼）或漏鱼，是变着花样粗粮细做的典型面食，城乡均盛行。将介于馓饭和搅团之间硬度的或者说比较稠的玉米面糊糊盛入漏勺，再从其漏眼中挤出来，跌入清水中就成了面鱼。因其形如鱼也。浇上臊子或浆水汤头就成了天水人常吃，尤其是夏季常吃的锅鲰了。

7. 面点

天水面点品类繁多。举其大者，有馒头、花卷、大馍馍、黄馍、黄金大饼、芝麻饼、煎饼、猪油盒子、油圈圈、各种油饼、玉米发糕、荞面馍、糜面馍、馓子、麻花、油条、油糕、月饼、油炸

天水黄馍

天水油炸盒子

盒子、蛋糕、面包、各种包子、麻腐馍、韭菜饼、酸菜饼、菜瓜饼、肉馅饼、洋芋饼等等。兹介绍几种别具特色的面点。

天水猪油盒子

猪油盒子是天水市区名小吃之一。主料为小麦粉，辅料有生猪板油、大葱嫩蕊、胡麻油、精盐等。以鏊子先煎后烤而成，色泽金黄，酥脆松软，滋味浓香，油而不腻。早晨起来，街头巷尾卖吃食的地方都能看见猪油盒子的“身影”。热烤现卖，厚布单捂着保持热度。切作小块，伴着清茶慢慢吃，妙！天水早点花样繁多，而猪油盒子是最具天水风味的早点。

天水猪油盒子

秦安腊肉带饼

| 肉夹馍 |

天水肉夹馍是用软馍夹软肉的一种快餐。软馍选择精制面粉，发酵成起面，以独特的手工烙烤而成，既软又柔。肉为卤肉，以肋条肉为最佳。将肉切成片状夹入馍内，灌注少许卤汤，柔软可口，肥而不腻，味美醇香，老少皆宜。

| 烫面油饼 |

天水各县区均有，做法略有不同。俗称“烂草帽儿”，以其形状像烂草帽儿得名，也叫烫面油饼。开水烫小麦粉，卷之以葱花等作料，连煎带烙现做现吃。薄，软，香。配罐罐茶，清茶油饼，一绝。天水饭店小吃谱上一般都有，也是农家乐必备主食之一。

烫面油饼

| 油饼 · 扭角儿 |

天水各县区均有，做法大同小异。烙油饼和烫面油饼的区别是厚、小，用发酵面。街上卖的油饼一般是用植物油煎。稠糊状发酵面，卷之以葱花、香豆等作料，接成圈圈，入热油锅煎炸即成。这个叫油圈圈更形象，但武山、甘谷当地人习惯叫油饼。煎油饼最讲究的是用胡麻油，趁热吃最好。荞面油饼略带甜，别有滋味。旧时农人上街，将农产品卖了，以马莲草串几个油饼回家，那是无上享受。

天水城区油饼面硬而饼薄，或略加蜂蜜做成甜油饼，或不加作料。就形状而言，武山、甘谷的煎油饼类玉器中的琮，而天水城区的则类玉器中的璧，或者说前者更像“双眼皮”，后者是“单眼皮”。形状有异，但各有各的好吃。扭角（方言读 ge）儿，是圆形薄面对折，包煮熟捣碎的洋芋加葱花、花椒粉等作料（类似包饺子），入油锅煎熟而为之。街上小吃摊可见，一般煎油饼者连带着煎扭角儿。

圈圈油饼 · 扭角儿

洋芋饼

天水洋芋饼

天水山地多产马铃薯（当地习惯叫洋芋），品质上乘，吃法多样，如烤洋芋、煮洋芋、油煎洋芋等，洋芋饼则是各种吃法中的“五子魁首”。黄，嫩，香。饭店小吃谱上一般都有，农家乐必备。其做法各县区大同小异，或加少许淀粉，或不加，武山俗称“精屁股馍”，以其烙制时不加面粉也。

秦安麻腐馍

秦安麻腐馍

这是一种夹包麻腐的薄馅饼。麻腐以磨碎的大麻籽，过滤去掉麻籽壳制成。而后拌入调料、葱花等作料，加入适当猪油，以发酵面擀成包皮，包成大饼状或半月牙状，用平底锅烙熟即可。成品馍烙花黄亮、松软馨香。另，麻腐也可以用来包饺子、包包子，口感别致。

甘谷王月亮酥圈圈

| 甘谷酥圈圈 |

甘谷传统美食。甘谷酥圈圈呈圆环状，厚3厘米左右，外圆直径12厘米左右，内圆直径8厘米左右，底色淡黄，环面呈橙红色。其制作方法是将精细白面发酵，添加碱水，和以胡麻油，配上鸡蛋、椒末、姜末、桂皮、精盐等作料，反复搓揉，掐成剂子，并拉条，再揉接成大小粗细均匀的环状。然后将姜黄、麻油等配制好的糊状物抹在面圈上，置于上下都有炭火的鏊子中双面烘烤而成。色泽金黄、香酥可口、油而不腻。即使在炎夏，存放月余也是只干不馊，常被人们捎给省内外的亲朋好友。酥圈圈甘谷城乡均制作，最有名的是王月亮酥圈圈，在县城东大街开专卖店。

| 武山油圈圈 |

武山油圈圈

武山油圈圈不是油煎的，而是用鏊子烤烙而成的。形似圆环，厚3厘米左右，外圈直径15厘米左右，内圈直径10厘米左右，表面有棱纹，像汽车轮胎上的轮齿似的。油圈圈底色淡黄，表面花纹的棱角呈橙红色，黄红交织，像盛开的花一样，断面为层层叠圈状。油圈圈麻香酥脆又略带绵性，色、香、味俱佳，吃在嘴里，香酥脆绵，不油腻，略带一些咸味和麻味，是武山人最理想的早餐食品，也是接待和走访亲朋好友时最实惠的食品。

| 包子 |

天水市境各县区均有，品种较多，做法大同小异。有韭菜腊肉包子、熟馅包子、地软包子、麻腐包子、洋芋包子、豆腐包子、洋芋豆腐包子、白菜豆腐包子、羊肉包子等。其中最大众化的是天水城区的熟馅包子和地软包子，街头巷尾时有包子店，饭店主食也都备有包子，热蒸现卖。说明一下，熟馅包子的馅是炒熟的肉臊子加韭菜。包子多作为早餐，包子和小米稀饭，绝配。

8. 酒 · 罐罐茶

天水各县区酒风都比较盛，男人们一般都能喝。这里的喝，是专指喝酒。旧时天水产酒，著名的烧锅不少，现在也产酒，如天河酒业的“天河春”“充国酒”“羲皇故里”等。但产酒的名气远没有喝酒的名气大。天水人喝酒，划拳声音大，指头子展脱，酒盅儿干。豪放爽快，美得很！招待人，饭菜不怎么讲究，讲究的是要喝好。客人喝好，喝高兴，就算主人招待好了。在乡下，甚至不要菜，干喝。你如好酒，到天水来，一定得联系熟人，熟人一定会找上他的熟人把你喝好、陪好。天水人的另一喝是喝茶，县上讲究喝罐罐茶，男女老少都喝，馍加茶就是好多人的早餐。

老街上的罐罐茶

到天水旅游或访友一定得煮上一罐。一把尖嘴茶壶，一只带柄陶罐，一只白瓷盅，一盆炭火或一盘小电炉，像熬中药一样煮茶，值得体验。

9. 天水炒货

天水开口笑松子

这里所言天水炒货，特指天水城区炒制的干果。品种有松子、葵花籽、麻籽、榛子、栗子等，是为天水的传统休闲美食。其中薄皮“开口笑”大松子最为有名。炒制时，松子要经过精选，然后置于大缸，加水，以扫帚把儿反复捣舂，使皮洁净，使皮变薄。再架起柴火大铁锅，加粗砂翻炒，炒至每粒松子都带小缝开口方才出锅。城区各农贸市场均有售，以文庙前箭场里最为集中。另，淘宝网、苏宁易购有售。

10. 清真食品

先普及一点小常识，什么是清真食品？清真食品即符合伊斯兰教“Halal”标准的食品，是按照回族等信仰伊斯兰教的少数民族的饮食习惯，屠宰、加工、制作的符合清真要求的饮食、副食品、食品。天水是回族聚居区之一，有一个回族自治县——张家川回族自治县。另天水市城区有回族一万多人。因此在天水市区和张家川回族自治县有的是清真饭馆和清真美食。

回族食俗以面食为主，肉食以牛羊肉为主导。吃清真美食吃什么？当然是牛羊肉，手抓羊肉、烤全羊、烤羊排、烤羊肉串、炒肉片、清炖牛肉、清炖羊肉、清水牛排、羊羔肉、杂烩、里脊、羊肉泡馍、牛肉泡馍等，不一而足。当然，炒面、炝锅面、烩面、汆面、扯面、拌面、酸汤面、碎面、出汤面、麻食也是各具特色。更有各种面点，如干面锅盔、油锅盔、油香、油饦、油切、馓子、烤馍等。据不完全统计，张家川清真小吃有10大系列、49个品种，真的可以让我们一次吃个够。小吃之外，传统宴席“四盘子”“九魁”“十全”“十三花”等，都很是讲究。

张家川回族婚宴上的“十三花”

“十三花”

是由十三种菜品组合而成的盛宴，是张家川回族宴席中规格最高的一种，只有在举办婚礼或举行宗教活动时才能见到。“十三花”菜品组成随意性较大，可根据实际情况调整，大多以五道凉菜、八道热菜组成，也可以热菜再多些。不论如何组合，牛羊肉、夹板肉、丸子、八宝饭必不可少。这里我们列举一种组合——小炒一碗、酸辣白菜一碗、木须肉一碗、豆腐烧蹄筋一碗、蘑菇炒肉一碗、夹沙一碗、丸子一碗、清炖牛肉或羊肉一碗、杂烩一碗，外加凉菜一碗、八宝饭一碟、红烧牛肉或羊肉一碗、羊羔肉一碗。如清炖肉换成香酥鸡块，撤掉某一碗换成红烧鱼亦无不可，还可以换之以海参、鱿鱼等海鲜。上菜时小碗架在大碗上，下九上四，摆放在大方盘内，一齐上桌，即一次上齐十三道菜。一碗一碗、一碟子一碟子依次上那叫“小吃子”，即使上够十三道菜也不能叫“十三花”。

在“十三花”基础上减少菜品，可以有其他花样，如八碗炒菜再配一碗凉拌就是“九魁”,若在“九魁”中再加一碗“八宝饭”之类的甜品就称“十全”。吃过回族宴席的人都有一个感觉，席实诚，绝对能吃饱。“十三花”是“过事”的时候宴会上的菜品，有特殊的讲究，其中某些菜饭店也有，但有不一样的上法。赶上了自然要尽情品尝。

|“老三篇”|

即杂烩、里脊、清炖（清炖牛肉或清炖羊肉）的俗称，是为清真餐馆必有的招牌菜,你吃清真馆子,说“老三篇”,那是一整套,店家马上知道你要什么。天水城区成纪大道玉泉观斜对面的“老米家”、青年南路十字的礼伊轩等都可以做最正宗的“老三篇”。

清真“老三篇”——杂烩、清炖、酸辣里脊

|手抓羊肉·清水牛排|

传统清真名菜，清真饭馆必备。想吃肉，就点手抓羊肉和清水牛排。大块肉手抓而啖之，豪放爽快。天水城区407医院对面之老东乡涮羊肉名菜馆,南郭寺山脚迎宾桥东清泉阁美食城的手抓羊肉、

手抓羊肉

清水牛排就很地道。天水一些非清真饭馆也有手抓羊肉，以我的经验，到底缺了点儿什么。要吃正宗的手抓羊肉，还是得去清真菜馆。

| 锅盔 |

张家川锅盔自晚清以来，就很有名气，是当地回汉群众特别喜爱的特色面饼。据说 1920 年，古宝财洋行的俄国商人古斯特福在张家川做皮毛生意，喜食锅盔，回国时特意带了一个，装在箱子里准备路上吃，不料一路忙乎，给忘了。当他远渡重洋回到家中，时间已过了几个月。家人收拾行李，翻出大饼，仍旧不干不霉，香酥如初，无上美味。俄商和锅盔的故事从此传开了，这张家川锅盔也就更有名了。锅盔以上好的白面发酵，加胡椒、苦豆、姜黄等作料，经杠子压面，拓印花纹，鏊锅慢烤等工序制成。火色鲜亮，厚大如盾，外干内酥，久不变味。可为旅途干粮，可为饮茶佐食。

张家川馓子与锅盔馍

| 馓子 · 油香 |

馓子耐藏好吃，每逢开斋节、古尔邦节等民族节日，回族群众都用油炸馓子招待客人，馈赠邻里。馓子看上去黄灿灿，闻起来香喷喷，吃起来又脆又甜。油香成分和馓子一样，只是形状不同，馓子为长条拧巴状，油香为小布袋状。吃清真菜，小吃菜单上一般都有油香，可点上一盘当主食。

| 清真碎面 · 馄饨 |

清真碎面又称“雀舌”，是说面像麻雀的舌头一样，很形象。“碎”还有小的意思。先将面擀开后，晾成柔干，而后切成菱形块状，边长约 1 厘米。汤头用羊肉丁或鸡丝、蛋皮丝、海带丝、榨菜粒、

清真碎面

虾皮等调制而成。居家吃碎面，多是面和汤一锅烩，即天水人说的“连锅面”，热乎、简易、够味。天水市区和张家川都有经营碎面的面馆。一般碎面馆也有馄饨，馄饨用牛肉馅，汤头和碎面一个样儿。

| 张家川醋粉 |

酿醋产生醋糟，醋糟过滤后可得醋淀粉。醋淀粉加适量的小麦面，搅成糊糊状，以蒸面皮的方法蒸之，可得淡棕色的醋粉，也叫醋皮。以蒜泥、油泼辣子等调制之，醋香飘逸，滑嫩柔软，清凉爽口。

九、休闲娱乐

关于休闲娱乐设施，如洗浴、健身房、棋牌室、歌舞厅、酒吧等，一般大宾馆都自带，可足不出户消费。当然，天水市区及县城，都有档次不同的娱乐设施。举几个市区的娱乐休闲场所，如兰天城市广场的钻石华庭等歌舞厅，兰天城市广场之东兰天华庭 A 座二楼的茗龙轩茶艺，中华东路、中华西路的众多酒吧，中华西路的羲皇赐福美疗庄园（洗浴、美发等）等，都可供选择。毕竟旅游的核心是美景美食，休闲娱乐场所这里就点到为止了。

中华西路步行街

十、特产

| 天水苹果 |

天水市各县区均产苹果，以秦州、麦积二区及秦安县种植面积最大，知名度最高。1951 年始，即由政府组织在各县大面积推广苹果种植。此后苹果生产一直是天水林果业的魁首。1965 年，天水县“花牛”苹果在香港试销，大获成功。1974 年，国家农林外贸部门确定天水为全国六大苹果基地之一。1988 年，天水市被列为全国优质苹果生产基地。2016 年，全市苹果种植面积为 100.82 万亩，产量为 106.48 万吨。优质品种有红元帅系的“花牛”及红富士、新红星、金冠、白果、黄金帅等，是国家地理标志保护产品，果形端正，色鲜味醇，名扬海内外。全市各区县水果店、农贸市场，京东、淘宝各大网站都有售，也有果农通过微信直销。天水籍著名企业家潘石屹公益代言天水苹果，有“潘苹果”官网、“潘苹果”销售品牌，京东有“中国特产·秦安馆”，都可以买到正宗的天水地产苹果。特别提示，“花牛”苹果本是今天水市麦积区花牛镇花牛村正宗红元帅苹果的称谓，现在“花

农户苹果园

牛”品牌被用得混乱不堪，红元帅系的苹果用，红富士等其他品种的苹果也用。麦积区用，其他县区也用，至而天水市以外甘肃省内各地还在用，更有省外有些地方也蹭着用。说到底，“花牛”应是天水生产的红元帅苹果。非此，一概都是冒牌。

花牛苹果

1953年，西北果树研究所在天水县花牛乡花牛寨村建立苹果栽培示范点。1955年，“示范点”从河北昌黎果树研究所引进红元帅果苗，栽种150亩。1960年后渐次挂果。1964年，花牛寨红元帅苹果在全国果品评比会上被评为优质苹果。1965年秋，红元帅苹果喜获大丰收，花牛寨人精选40公斤，邮寄敬献给毛泽东主席。同年10月，中共中央办公厅复信致谢并按价付人民币44.82元。复信如下。

天水县花牛公社花牛寨生产大队全体社员：

九月二十日寄给毛主席的信和苹果都已收到，谢谢你们的盛意。希望你们继续努力，艰苦奋斗，进一步发扬自力更生、奋发图强的革命精神，在今后的生产上，取得更大成绩。

中央早有不收受群众礼物的规定，请你们以后不要再送。为了不致使你们的收入受到影响，现汇去人民币四十四元八角二分，请查收。

此致

敬礼

中共中央办公厅秘书室

1965年10月9日

也是在1965年秋，花牛寨100余箱红元帅苹果在香港试销成功。因试销时包装箱上有“花牛”字样，香港媒体便称之为“花牛”苹果。花牛苹果色形味俱佳，深受消费者欢迎。从此，甘肃省出口的元帅系苹果，均以“花牛”品牌进入国际市场。

秦安大棚生态桃园

丨秦安蜜桃丨

秦安栽培蜜桃历史悠久，有齐桃、二格子桃、秋桃等品种。20 世纪 80 年代始，引进优良品种在河谷平川区推广，种植面积大，果品质量高，美名远扬。先后获甘肃省优质农产品、北京奥林匹克运动会推荐果品一等奖、中华名果、甘肃十大名果等称号。2004 年通过国家级绿色食品认证，2008 年列入国家地理标志产品保护名录。或言秦安蜜桃体硕形端、色艳肉嫩、汁多味美、绿色营养；或言秦安蜜桃个大、色艳、味美、质优、环保、营养丰富。这还真不是虚夸的广告语。春天，处处桃花源，川川云霞景，届

秦安蜜桃

时政府主导举办桃花节，赏桃花，推特产。夏秋，从 6 月到 9 月，则是月月有桃子成熟的时候。

| 秦州大樱桃 |

天水各县区均有大樱桃生产，其中以秦州区种植面积最大，知名度最高。秦州区藉河流域川区和浅山区，土壤肥沃，空气清新，具有生产优质大樱桃的自然条件。20 世纪 80 年代引进栽培，2001 年规模化发展，2008 年完成国家级大樱桃标准化示范区建设。2013 年，“秦州大樱桃”注册为国家地理标志证明商标。玉泉镇烟铺村、太京镇马家窑村、藉口镇四十铺村等大樱桃专业村远近闻名，放花时节一片雪海，成熟之时满枝“玛瑙”。2016 年，秦州区大樱桃栽培总面积超过 8 万亩，总产量 3.4 万吨。秦州大

樱桃熟了

樱桃果体硕大、色泽鲜艳、口感上佳。成熟季节产地、天水市区及淘宝等各大网站都有售，电商服务深入各销售点甚至田间地头，通过快递可流通至全国各地。

| 清水薄皮核桃 |

清水薄皮核桃产量大，品质好，通过国家 AA 级绿色食品产品产地质量认证，注册有“清水核桃”域名品牌和“清水陇宝核桃”产品品牌。2016 年，有万亩核桃乡镇 12 个、省级核桃标准化示范园 9 个，西灵山、石沟河、铁炉梁生产基地种植超过 5 万亩。全县核桃种植面积达 44.9 万亩，青果产量达 5 万多吨。成熟季节可在当地购买，也可网上订购。

优质核桃生产基地

| 甘谷辣椒 |

辣椒原产于中美洲墨西哥，明代传入中国。明天启年间甘谷即有种植。甘谷素有“辣椒之乡”的称谓，种植面积大，所产干辣椒肉厚油多，色鲜味美，中外闻名，多年担纲甘肃外贸物品。据说美国一位辣椒专家，以营养成分含量为标准，将其排名在世界130多种辣椒品种之前10位。现有“古风台”“全录王”“永宁春”等品牌，多将辣椒面、辣椒丝、辣椒酱装成礼盒销售，也有分装销售者。淘宝网等网站亦有销售。

甘谷辣椒

| 武山蔬菜 |

20 世纪 70 年代，武山郭槐乡、洛门镇率先生产温棚韭菜，经济效益良好，之后大南河、渭河及支流两岸川区温棚蔬菜种植迅速发展，品种也由韭菜扩展到胡萝卜、洋葱、番茄、蒜苗、莴笋、豆角、西葫芦、甘蓝、马铃薯等 30 多个品种，蔬菜面积占农作物种植面积的 40% 以上，产品远销全国 20 多个省市。武山县先后被列为国家级蔬菜标准化示范县、全国绿色农业示范县、全国蔬菜产业重点县。2016 年，全县蔬菜种植面积达到 39 万亩，总产量 122 万吨，产值 22.5 亿元。注册蔬菜商标 25 个，18 类蔬菜 30 个产品被认证为国家 A 级绿色食品和有机食品，“武山韭菜”“武山蒜苗”注册为国家地理标志证明商标，武山获“中国韭菜之乡”称号。

武山蔬菜大田

武山韭菜

| 甘谷花椒 |

甘谷花椒即《本草纲目》所言的秦椒，肉厚饱满，籽粒圆实，椒香浓郁，质量上乘。主要产区在大像山镇、六峰镇、白家湾乡等乡镇，种植面积在 20 万亩以上。2009 年，甘谷被中国果品流通协会授予“中国花椒之乡”称谓。甘谷大红袍花椒，淘宝网等网站有售。

| 天水雕漆 |

天水东南山多林茂，自古盛产生漆。唐代大诗人杜甫流寓秦州，其《寄赞上人》即有句“有谷杉漆稠”。1918 年，陇南工艺厂开办，引进雕漆工艺。1958 年天水雕漆工艺厂成立后，继承传统，创新发展，使天水雕漆享誉陇上，闻名全国，多次荣获省、部级奖励，其产品曾远销欧美、东南亚等 37 个国家和地区，长

天水飞天雕漆产品

久以来都是甘肃工艺品之龙头。有床榻、躺椅、屏风、茶几、餐桌、书架、茶盘、化妆盒、烟具以及旅游纪念品等几十大类300多种不同规格产品。其最大的特点就是将书画艺术、镶嵌雕刻技术和雕漆工艺完美结合，使之古雅大方，绚丽多彩，雅俗共赏，可观可用。1999年，天水雕漆工艺厂更名为天水飞天雕漆工艺厂。2008年,天水雕漆技艺被列入国家非物质文化遗产名录。另，天水还有一些雕漆作坊，如汉漆堂等，其产品颇有可观者。

| 甘谷麻鞋 |

大麻纤维长、抗腐蚀、弹性好，除用于结绳、纺织之外，还被用来编织麻鞋。诗圣杜甫有诗句“麻鞋见天子”，所言麻鞋就是大麻编织的鞋。麻鞋轻便、透气，编织简易，旧时天水妇女大多

各式甘谷“大漠行”麻鞋

数有编织麻鞋的手艺，自家男人穿的麻鞋自家编。心灵手巧者多做几双,拿到集市上还可以换零花钱。而真正将麻鞋手艺推陈出新、做成产业的当推甘谷大漠行麻编鞋业有限责任公司。2005 年该公司组建成立(其前身是 20 世纪 80 年代的甘谷福利厂),2015 年“大漠行”麻鞋商标被国家工商总局认定为中国驰名商标。产品主要有麻凉鞋、麻拖鞋、休闲鞋等，柔软适体，坚固耐用，抗霉抑菌，质朴美观，深受国内外消费者欢迎。甘谷县城及天水市设有甘谷麻鞋专卖店，另外京东、淘宝、天猫等各大购物网站也有售。

鸳鸯玉精品茶具

武山鸳鸯玉器

鸳鸯玉，地质学上称蛇纹岩，因最先在天水武山县鸳鸯镇邱家峡北山开采，便取名“鸳鸯玉”。武山自古盛产玉石，新石器时代之齐家文化玉器就有以鸳鸯玉制造者，“峡石蕴玉”明清时为宁远八景之一。明万历《宁远县志》载:“县北二十里有桃花峡，中有溪流，发源于通渭界，峡中有石似玉，名‘峡石蕴玉’。”武山县鸳鸯玉探明储量达3.24亿立方米,居世界第2位。玉色呈墨绿、翠绿、橄榄绿、荧光淡绿等多种颜色，是上好的建材和玉雕原料。鸳鸯玉雕产品主要有酒具、茶具、娱乐摆件、健身器具及建筑装饰品、大型雕件3大系列、60大类、180多个品种，其中以夜光杯、龙凤杯、竹节杯、玉奔马、玉船、文房四宝、花瓶、熏炉等最为驰名。2006年10月，鸳鸯玉被列入第一批天水市非物质文化遗产名录，2010年被评为全国最受欢迎的十大旅游产品之一。

| 汉唐陶艺 |

解释一下，这里说的“汉唐陶艺”是天水汉唐麦积山艺术陶瓷有限公司所生产的陶瓷艺术品的总称。1998年公司创立，2006年被国家文化部命名为国家文化产业示范基地，2011年其产品被甘肃省旅游局列入甘肃省十大名优旅游商品。公司结合甘肃历史文化特点，常年开发生产“麦积山石窟雕塑、壁画，大地湾彩陶，伏羲文化艺术品，敦煌雕塑”等5大系列600余种陶艺艺术品。其中小沙弥、菩萨坐像、麦积山石窟经典洞窟佛头像等摆件深受游客欢迎，畅销国内外。公司坐落在麦积区麦积镇贾河村，是参观麦积山石窟的必经之地，设置陶作坊、产品展厅等，可参观，可购买，能体验。乘5路、16路、34路、37路公交车，到汉唐陶艺站下车即达。其小件产品天水市各大旅游商店有售。另，公司网站、淘宝网、善融个人商城等皆有售。

汉唐陶艺——小沙弥

清水庞公石

庞公石也称庞公玉，产自清水红堡乡庞公庵的牛头河峡谷中，因其地有庞公庙而得名。相传宋代湖广襄阳人庞蕴西游至此，见这里山峦奇秀、林木葱翠，遂结庐隐居。庞公平生广济贫苦，德行感动了天帝，被封为上天仙人，登天时，将其金银珠宝倾入峡谷，顿时化为五彩之石。庞公石质地坚细，翠如碧玉，兼有白黄条纹，略施加工，即成飞禽走兽、奇山峻峰，大受藏石人士的追捧。

各色庞公石

第三单元

百闻不如一见

秦公簋

大约1919年出土于天水西南乡，辗转多人，最终在1950年后归中国历史博物馆（现中国国家博物馆）收藏。系春秋中晚期器物。高19.8厘米，口径18.5厘米，足径19.5厘米。簋盖及器身饰细小盘螭纹，双耳作兽首。簋盖上有铭文51字，器身有铭文54字，共105字，字体与石鼓文近似；器盖和器身各有秦汉间刻款9字，为研究早期秦文化的重要器物。铭文均由印模打就，制作方法新颖，在古代青铜器中为仅见之例。

李政道题词玉泉观

1984 年 5 月初，著名物理学家李政道携天水籍夫人秦惠箬来陇西李氏发祥地之一天水寻根问祖。他应邀在天水师范专科学校（今天水师范学院）讲学，顺便游览陇上名观玉泉观，欣然题词：“玉石故乡还，泉水向东流，观陇思江南。”不经意间将“玉泉观”三字嵌入其中，奇思妙想，令观者称绝。题词手稿玉泉观景区管理处有存。而题词在见于报刊时，被好事者修饰成了四句——“古今沧桑变，玉石故乡还。泉水向东流，观陇思江南。”也好，成了一首很好的藏头诗。

十一、天水城区

一望便知秦州区

秦州区，为天水市委、天水市人民政府驻地。总面积 2442 平方公里，城区建筑面积 29 平方公里。2016 年，常住人口 65.78 万人，城区人口 33.27 万人。区辖 14 镇 2 乡。

【旅游关键词】伏羲庙，玉泉观，南郭寺，胡氏民居；伏羲，伏羲文化旅游节；天水市博物馆；雕漆；大樱桃；天水风味菜肴，呱呱，打卤面，馄饨，扁食。

| 伏羲庙 |

到达：市内有多路公交车可乘，于伏羲城或市三中站下车，步行即达；或乘坐出租车。

开放时间：08：00—18：00（3 月—11 月）；8：30—17：30（12 月—2 月）。

Ⓢ 门票价格：40 元 / 人。每年农历正月十四至正月十六庙会日 5 元 / 人。

全国重点文物保护单位。国家 4A 级旅游景区。

伏羲庙在天水市城区西关伏羲路。本名太昊宫，俗称伏羲庙，当地人习惯叫“人宗庙”（人类老祖宗之谓也），是祭祀人文始祖伏羲的祠庙。明成化十九年（1483 年）始建，明清两代历次重修，现在所见庙宇景况是清光绪十一年至十三年（1885—1887）最后一次重修后的遗存。建筑群坐北朝南，戏楼、“开天明道”牌坊、大门、仪门、先天殿、太极殿等古建筑沿中轴线依次排列，殿宇雄深，古柏森森，处闹市而有出脱凡尘之美。由于伏羲是古代传说中的第一代帝王，故庙宇呈宫殿式建筑模式，庄严肃穆，气度不凡。亮点和看点：

伏羲庙牌坊、门坊

伏羲庙先天殿

1. 保存完整的古建筑。此伏羲庙在全国范围而言，占地面积不是最大，但古建筑的文化价值却很高。其先天殿、太极殿、门坊、牌坊的主体结构都是原汁原味的明代建筑，而同类文物如河南淮阳的伏羲陵、河北新乐的伏羲台等虽历史久远，但建筑多是清代或现代重建的。

伏羲庙正月十四至十六民间庙会场面

2. 伏羲庙主体建筑先天殿是全国最大的伏羲祭祀殿宇。殿呈重檐歇山顶式样，面阔 7 间计 26.4 米，进深 5 间计 14.05 米，高为 15 米。上檐殿身七架，下檐周匝回廊，间架结构自然，比例尺度合理。先天殿顶棚井口天花镶嵌伏羲六十四卦卦象图，藻井施绘河图和伏羲先天八卦图，装饰和伏羲氏业绩紧密结合，贴题而美观。

3. 翠叶摇香的古柏群。伏羲庙原有古柏 64 株，按伏羲六十四卦排列，现存 37 株，遍布庙内各院落，树龄多在 500 年之上，铁干撑天，浓荫蔽日，令人赏心悦目。

4. 数量众多的古碑。庙内现存明清古碑 21 通，凡伏羲庙重建、祭祀、民俗活动等内容应有尽有，既是研究伏羲庙的第一手资料，又因作文者或书写者多是名家，不论是文章或书法均有可观之处。

5. 伏羲庙会和纸人灸病习俗。每年农历正月十四至正月十六为伏羲庙会。从正月十四开始，城乡民众前往进香，同时上演庙戏，十五日出榜文，十六日正祭。伏羲祭典作为一种民俗文化已深深积淀于天水民众的生活之中，以年俗为例，只有正月十六朝拜了人宗爷伏羲，年节才告完毕。庙会时还有一个很有趣的习俗——纸人灸病。在朝庙之人心目中，庙会日伏羲降神，庙内古柏就成了伏羲旨意的直接体现者，治病疗疾，无所不能。于是，三拜九叩，焚香化纸，朝拜伏羲圣像之后，人们各自走到古柏跟前，粘贴纸人，点香火灸病。带病者可以为自己灸，不带病者为亲友灸，哪个部位伤痛即可灸对应的纸人的部位。纸人以红纸为原料，剪成人形，大小均可。灸是仿中医学上的针灸而为之，讲究的是用

古柏纸人灸病

公祭伏羲大典乐舞

艾草贴伤病处与纸人相关的部位，用香火点焚，图方便者直接用点燃的香头戳。心诚则灵，人们似乎从不考究是否灵验，是否真能祛除疾疫。棵棵古柏在每年朝庙结束后，身上总会粘贴上无数的小纸人，风起时哗啦啦作响。

6. 伏羲公祭大典。1988 年，天水市恢复祭祀伏羲活动，举办一年一度的伏羲文化节。2000 年开始，伏羲文化节改为伏羲文化旅游节。2005 年伏羲公祭大典由市级升格为省级，由甘肃省人民政府主办，同年被国际节庆协会评为中国最具发展潜力的十大节会之一。2006 年“太昊伏羲祭典”被列入第一批国家级非物质文化遗产名录。2007 年公祭大典时间固定为每年公历 6 月 22 日。至今伏羲祭典活动已举办 20 余届，在国内外颇具影响。

| 卦台山 |

到达：从麦积公交站、秦州公交站乘车至中滩或渭南，再转车可达。

开放时间：8：00—17：00。

门票价格：15 元 / 人。

游览伏羲庙之后，如意犹未尽，可选择继续游览卦台山。山上也有伏羲庙，历史比城区的还要久远。

卦台山在天水市北 30 公里处的三阳川西渭河入川处，行政区划上属麦积区渭南镇，又称画卦台、伏羲台等，因传说伏羲在台上象天法地、始画八卦而得名。卦台山下险上平，形势奇特，形如龙头，腾吐渭水。明孙永思《别卦台》诗云："羲皇遗台天下奇，四山环合耸孤危。"卦台山侧有和画卦故事相联系的遗迹龙马洞和分心石。秦州十景中卦台山独占两景，分别是"伏羲卦台""渭水秋声"（指分心石），足见其独特地位。此台本为新石器时代遗址，晚唐即建有伏羲庙。金元时代为伏羲祭祀中心，明正德年间因祭祀不便，地方官上奏朝廷将官祭地点定在了秦州城，卦台山伏羲庙成为民祭场所，渐次衰落。目前台上祠庙为 20 世纪 80 年代以来新建，有午门、钟鼓楼、朝房、先天殿等。亮点和看点：

1. 卦台山周围山川形势和伏羲先天八卦暗合，古人认为是当年伏羲画卦的依据。

2. 每年正月十五、农历二月十五是卦台山的庙会，十里八乡

俯瞰卦台山

的村民游山朝圣，热闹壮观。

3. 卦台山祠庙周遭至迟在北宋即有城垣环绕，至今依然保存。

天水为什么称羲皇故里？

简而言之，早在汉代，就有纬书记载“华胥于雷泽履大人迹，而生伏羲于成纪”。而成纪之治所很长时间是在天水境内，所以天水自古称羲皇故里。

解析古籍资料，可知有一个古老的传说——相传伏羲的母亲华胥氏外出，在雷泽水边无意中看到了一只特大的脚印，出于好奇，华胥用自己的纤足丈量了这只巨足，不知不觉感应受孕，怀胎十二年后，伏羲氏降生了。这则传说在陇右一带长久流传，于是乎汉初就在伏羲传说的中心区域设置了成纪县。因为伏羲是孕育十二年而生，而十二年正好是一纪，成纪者，成一纪之元也。《史记·文帝本纪》言：“文帝十五年，黄龙现成纪。”伏羲是龙的化身，“黄龙现成纪”一语将黄龙和成纪联系在一起，其实是暗示伏羲的生地就在成纪。晋皇甫谧在《帝王世纪》中更加明确地说：“太昊帝庖牺氏，风姓也。母曰华胥，燧人之世，有巨人迹出于雷泽，华胥以足履之，有娠，生伏羲，长于成纪。”

那么，成纪到底是现在的什么地方呢？成纪县自汉初设置，至明洪武二年（1369 年）撤销，前后经历了几次大的治所迁移，汉成纪治所在今秦安县邻县静宁县南的治平乡，而其所辖地域包括今秦安县之大部分，西魏时废。北周时在今秦安之安伏川重置成纪，唐开元二十二年因大地震成纪再迁显亲川金城里，即今秦安县西北的叶堡乡金城村。晚唐，成纪又迁至秦州之上邽镇，治所在今天水市区。县治在迁移的同时，还伴随着一个很有趣的现象——成纪始终和伏羲事迹密切关联。于汉成纪县，《水经注·渭水》说："……故渎东经成纪县，故帝太皞庖牺所生之处也。汉以属天水郡。"于北周成纪，《隋书·地理志》说："成纪，旧废，后周置。有龙马城，仙人峡。"所谓"龙马城"显然是因龙马负图，伏羲则而画卦的传说而得名，仙人峡之"仙人"指的就是伏羲。这就充分说明成纪是伏羲的诞生地是千百年来公认的、众人皆知的常识。尽管成纪有多次迁移，而其辖地之大部或全部始终在今甘肃天水市境内，因此天水自古就有"羲皇故里"之称。明代朝廷钦定秦州为全国两大伏羲祭祀中心之一，原因也在此。《明史·礼志》言："正德十一年，立伏羲氏庙于秦州。秦州，古成纪地。"

或有疑问，上古部族富于流动，所谓成纪是一片广阔的地域（即古成纪），古成纪和后世的成纪关系如何？于古成纪的范围，学术界的普遍看法是：在上古时代，陇右便形成了以今天水市为中心，以静宁、秦安、西和、武山、甘谷、清水、通渭等地为腹地的成纪文化或伏羲文化圈，而天水在“古成纪”的中心地位决定了其“羲皇故里”的命题成立。

或有疑问，文献记载而外，还有无具体的实物证据？回答是肯定的。今天水市所辖甘谷县、武山县各出土一件新石器时代人面鲵鱼身彩陶瓶，彩绘图案和伏羲“人首蛇身”的传说惊人地相似，其实就是伏羲人首蛇身的漫画像。人面鲵鱼身的彩陶文物，目前全国只此两件，而恰恰就发现在伏羲传说最集中的天水市境内，进一步说明天水是“羲皇故里”的命题成立。

或有疑问，黄河流域的其他地方尚有羲皇众多的遗迹，又作何解？的确如此，在今陕西、河南、山西、河北、山东等地都有数量不等的伏羲祠庙，举其大者如陕西临潼的伏羲女娲庙、河南淮阳的伏羲陵、山西洪洞的伏羲庙、河北新乐的伏羲台、山东微山的伏羲庙等。如果我们加以分析就会发现，这些遗迹的分布正好和古史所载伏羲部族沿渭水而下，再沿黄河向东发展迁徙的轨迹相吻合，而迁徙所及之地，自然就有了相关的遗迹，也就有了争为“故里”的现象。但正本清源，正宗的“羲皇故里”还是甘肃的天水市，各地的羲皇遗迹和传说的存在和“天水是羲皇故里”的结论并不矛盾。

丨玉泉观丨

到达：市内有多路公交车可乘，至玉泉观站下车步行即达；或乘坐出租车。

开放时间：8：00—18：00（3月—11月）；8：30—17：30（12月—2月）。

门票价格：20元/人。每年农历正月初八至初九庙会日5元/人。

全国重点文物保护单位。国家4A级旅游景区。

在天水市城区北天靖山麓，距中心广场约1公里。因观内有清泉一脉而得名，是著名的道教圣地，相传创建于唐代。元初，全真道士丘处机弟子梁志通栖迹秦州天靖山，于至元十三年（1276

玉泉观山门

玉泉观雪景

年）和至元二十六年（1289 年），募资创建太上殿和玉皇殿等。历元、明、清三代 30 多次重建、扩建，终成拥有建筑 90 余座的大型宫观。明清以来，“玉泉仙洞”或“玉泉仙隐”名列秦州十景之一。建筑群依山就势，分布于冈峦溪涧之间，或倚山崖，或临壑涧，参差有致，自下而上。通中轴线依次是山门、通仙桥、“人间天上”牌坊、玉皇殿、“第一山”牌坊、三清殿等；中轴线两侧为雷祖庙、三官殿、李杜祠、仓颉宫、文昌宫、北斗宫、玉泉亭、静观亭、神仙洞、三公祠、天靖楼等，两侧山脚尚有财神殿、药王殿等。殿宇楼阁鳞次栉比，石径小路迂回曲折，碑石志古，古柏悬涧，极具宗教氛围，园林情趣。亮点和看点：

1. 玉泉。又称明眼泉，在玉泉观内仓圣殿轩庭下。元代唐仁祖《创建玉泉观记》中说："山腹出泉，冥然澄寂，祈饮者可治愈邦人之疾。树绕泉亭，檐楹蔽映，如入画图，观因胜境，名曰玉泉。"现泉上建有泉亭，因水位下降成为浅井，水质甘甜如故。井口箍圈加盖，若管理人员在场，可讨一瓢品尝之。

2. 道流四面碑和赵孟頫草书碑。玉泉观现存古碑 57 通，其中最著名的当推道流四面碑和赵孟頫草书碑。道流四面碑（陈垣《道家金石略》称"崇道诏书碑"），在玉泉观碑亭。元大德六年（1302 年）立石，四棱柱形，通高 238 厘米，宽 53 厘米，侧宽 47 厘米。四面均有碑文，碑面《元世祖皇帝褒封制词》，碑阴《全真列祖赋》，两侧为《纯阳真人授重阳祖师秘语》和《全真祖宗之图》，是全真道的珍贵文献。赵孟頫草书碑，镶嵌于玉泉观碑廊墙壁，计 4 通。明嘉靖二十九年（1550 年）刻石。四石等大，高 180 厘米，宽 78 厘米。狂草，内容为李白等人诗作，一石一诗。

3. 正月初九庙会。正月初九，相传是玉皇大帝的生日，玉泉观的主要祀神是玉皇大帝，初九也就成为庙会日。从初八晚开始，天水市民便倾城而出"朝观"。午夜 12 时前后抢头香，很是热闹。初九赴东关朝山会进香，一路列队行进，表演夹板舞，旗幡飞扬，夹板声声，热闹氛围达到顶峰。朝山会起源于清代，朝山目的是祈求玉皇大帝保佑东关一带居民免遭罗玉河水患。

南郭寺

到达：乘 9 路、23 路、26 路公交车于南郭寺站下车，再徒步上山可达；或乘坐出租车，不打表，协议价约 20 元。

开放时间：8：00—18：00（3 月—11 月），8：30—17：30（12 月—2 月）。

门票价格:20 元 / 人。每年农历四月初八庙会日 2 元 / 人。

全国重点文物保护单位。国家 4A 级旅游景区。南郭寺又名南山寺，在天水城区南慧音山坳，因地在古代秦州郭城之南而得名，和那个滥竽充数的南郭先生毫无干系。始建于佛教盛行的南北朝时期，背幽林而面藉水，古碑文说：“白云生处，有古刹焉。”

南郭寺寺门

南郭寺中院之南山古柏

寺院坐南面北，呈中、东、西三院连环排列，构成古典园林式格局。院内有钟鼓楼、杜少陵祠、天王殿、大雄宝殿、隋塔地宫遗址、南山古柏、北流泉等景观。大槐、翠竹、花卉点缀其间，悠然漫步，定会油然而生出尘脱俗之感。看点和亮点：

1. 南山古柏。在中院，南北分枝，苍劲挺拔，奇伟诡怪，宛若巨型盆景，据测定树龄在 2500 年之上，人称“春秋柏”。“南山古柏”明清时被列为秦州十景之一。

2. 北流泉。在东院，甘美醇香，旱盈潦缩，千秋不竭。现为井泉，井口箍圈加盖，若管理人员在场，可讨一瓢品尝之。

3. 隋塔遗址。在西院，隋文帝仁寿二年（602 年）诏命天下五十二州建立佛舍利塔时创建，民国时倾倒被拆，考古探明塔基地宫尚存。

4. 杜甫题诗。唐乾元二年（759 年）秋，诗圣杜甫流寓秦州，登临南郭寺，吟咏留诗，即《秦州杂诗二十首》之十二：“山头南郭寺，水号北流泉。老树空庭得，清渠一邑传。秋花危石底，晚景卧钟边。俯仰悲身世，溪风为飒然。”所言“北流泉”“老树”至今犹在，不愧是“诗史”。

5. 二妙轩诗碑廊。1998 年创建，其蓝本是清顺治十三年（1656 年）分巡陇右道宋婉主持刊刻的“二妙”碑。原碑早已散佚，此碑廊以原碑初拓本放大一倍刻制，成为寺院新景观。碑廊前有别处移来的明成化十九年（1483 年）《老杜秦州杂诗》碑一通，可对照观览。

6. 邓宝珊将军纪念馆。在南郭寺西北侧，占地面积 20 亩，为甘肃省省级爱国主义教育基地。有邓小平“邓宝珊将军纪念亭”题名，有纪念亭、东西走廊、事迹馆、厢房及四合院（红色印记馆）等建筑。免费开放。

| 胡氏民居 |

到达：多路公交车可乘，在龙城广场站下车向东或百货大楼站下车向西步行即达；或乘坐出租车。

开放时间：8：00—18：00（3 月—11 月），8：30—17：30（12 月—2 月）。

门票价格：免费。

胡氏民居南宅子书房院

全国重点文物保护单位。

在天水市秦州区民主西路，分列路南北，隔街相望，俗称南北宅子，是明代“父子乡贤”胡来缙和胡忻的宅第。

胡来缙，字仲章，明秦州人。嘉靖三十七年（1558年）举人。曾任大兴知县，后调任户部，累迁至山西按察司使，所至皆有政声。其宅第南宅子，始建于明嘉靖年间。平面构图略呈矩形，整体形制与建筑设施有很强的防御性。庭院大门上书“副宪第”，门外临街有千年古槐一株，当地人又称南宅子为“大槐树底下”。入大门即是天井，东西各有一垂花门，东门已损，西门上书“桂馥”二字。入西门有四合院，东西为厢房，南有正厅五间，单檐悬山顶木结构。北有侧厅五间。沿东厢房角门入又有一小四合院，是佛堂、书房和客厅所在，花石铺地，竹木葱郁，清静幽雅。2006年以南宅子为基础，结合周围民居（有迁建者）建成天水市民俗博物馆。现有“家族谱系、祝寿、婚庆陈列”“祭祖、闺房及家居生活陈列”“书房、佛堂、私塾陈列”“皮影专题陈列”“书画、剪纸陈列”“刺绣、银饰陈列”共6个专题陈列，收藏各类民俗文物2366件。

胡忻（1556—1616），胡来缙之子，字慕之。明万历十七年（1589年）进士。初任山西临汾知县，累迁至太常寺少卿、正卿。奏疏结集为《欲焚草》。其宅第北宅子，始建于明万历四十三年（1615年）。呈正方形，由6个大小不同的三合院和四合院组成，现存

胡氏民居北宅子厅楼

东院过厅和主体建筑厅楼。其中厅楼面阔 5 间计 20.05 米，进深 3 间计 14.1 米，高约 9 米，重檐硬山顶砖木结构，气势宏伟，雍容华贵。二楼檐柱间置雕花栏板，浮雕牡丹、荷花等花卉图案，生动细致，精美绝伦，是明代雕刻艺术的杰作。

对南北宅子在中国古建筑史上的地位，古建筑学家罗哲文有结论：是甘肃省唯一的也是全国罕见的具有典型明代建筑风格的古民居建筑宅院群。看点和亮点：

1.1994 年天水能被列入第三批国家历史文化名城，其中保存完好的古建筑起的作用重大，而胡氏民居是天水民居的杰出代表，观览民俗文物当然还要领略天水民居的风采，如有参观者言，“这座建筑本身才是其最重要的民俗展品”。

2. 南宅子大门牌匾“副宪第”，为明万历二十六年（1598 年）“赐进士第分巡陇右道右参政李国士”所题，“副宪”指宅第主人曾任“整饬雁平道山西按察司副使”。李国士（1534—1608），明凤阳府亳州人，万历五年（1577 年）进士，官至山西左布政使。

3. 北宅子厅楼脊枋有题记“明万历四十三年乙卯夏四月十五建”，明确记载宅院建造时间。这也是古代重要建筑的通例，如天水伏羲庙太极殿、玉泉观玉皇殿，秦安文庙大成殿，房梁柱上都有墨书题记，记明祠庙重建时间，主持人以及木工、泥瓦工姓名。

4. 展示胡氏民居的纪录片《秦州大宅门》，2011 年在中央电视台 10 套科教频道《探索发现》栏目播出，现各大视频网站都可以看到。

胡氏民居南宅子大门“副宪第”牌匾

5. 北宅子主人胡忻奏疏集《欲焚草》，胡氏后人藏有抄本，另有清康熙四十二年（1703 年）胡氏刻本，西泠印社于 2012 年影印再版。此书计 4 卷，由清初著名诗人宋琬作序，收胡之奏疏 98 疏，其中多是对万历朝弊政的诤谏，是研究晚明政治的重要史料。

| 后街清真寺 |

到达：多路公交车可乘，在森美购物广场站下车向西或在玉泉观站下车向东即达；或由龙城广场出发，穿行自由路、澄源巷数百米即达；或乘坐出租车。

开放时间：全天开放。

Ⓢ 门票价格：免费。

全国重点文物保护单位。

后街清真寺，又称西关清真寺，俗称“大寺”，在秦州区成纪大道和澄源巷交会处。占地 3223 平方米，始建于元至正三年（1343 年），是甘肃省创立最早的清真大寺。明洪武七年（1374 年）重建，明成化四年（1468 年）扩建，明嘉靖十三年（1534 年）建清真寺楼，明万历十三年（1585 年）建头门和二门牌坊。1986 年维修，基本恢复原貌。现存的古建筑礼拜大殿分前廊、大殿、后殿三部分，面阔 5 间计 19.3 米，进深 6 间计 23 米，平面呈“凸”形。前廊与大殿勾连搭成单檐歇山顶，后殿单独为单

后街清真寺拜殿

檐歇山顶。整个建筑用材粗壮，外观严谨壮丽，为具有元代风格的明代建筑。看点和亮点：

1. 明嘉靖二十二年（1543 年）《重建清真寺楼碑记》碑。通高 182 厘米，宽 65 厘米。汉白玉质地，保存基本完好。碑面以汉文欧体楷书，记述清真寺沿革和建修清真寺楼的经过，碑阴以阿拉伯文书写，宣传伊斯兰教义，是重要的回族宗教文献。

2. 回汉建筑艺术糅合特征。后街清真寺历史悠久，将回族伊斯兰文化与中国古代传统木构建筑风格完美结合，使其在清真寺建筑中别具特色，还可印证天水回族形成过程中伊斯兰教中国化的轨迹。

| 赵氏宗祠 |

到达：乘坐 21 路、22 路公交车于工商银行站下车，向西步行即达；或由龙城广场出发，沿解放路步行即达；或乘坐出租车。

开放时间：全天开放。

门票价格：免费。

在秦州区西关解放路和三星巷交会处，梧林苑天水古玩市场斜对面。原为天水赵姓族人祭祀先祖的祠堂，供奉赵姓在天水的第一代先祖赵公辅及第九代先祖营平侯赵充国及列祖牌位。原是一处规模宏大的建筑群落，坐北朝南，三进院落，有前殿、中殿、后殿、朝房等建筑，周围是赵氏族人的宅院。现存前殿、东西朝房及祠堂院一组建筑，2008 年修复。看点和亮点：

赵姓源出嬴姓，秦王嬴政在史籍里有时称作赵政，原因在此。

赵氏祠堂大门

如《史记》就有“十六年，秦庄襄王卒，秦王赵政立”这样的记载。天水是早期秦文化的发祥地，赵姓宗族势力一直很大，名人辈出。北宋更是将天水视为国姓郡望，如宋祝穆《方舆胜览》言：“唯郡名之甚雅，在国姓以当崇。”历史学家陈寅恪先生就喜欢用“天水一朝”称宋朝。赵姓子孙寻根问祖，赵氏宗祠就是很好的选择。

| 山陕会馆 |

到达：多路公交车可乘，于陕省会馆站下车，或于龙城广场站下车向西步行即达；或乘坐出租车。

开放时间：全天开放。

门票价格：免费。

在秦州区解放路东端和大同路南端交会处。山陕会馆由朝向

陕省会馆门楼

不同的两组建筑组成，坐北朝南、门对解放路的为陕省会馆，坐西朝东、门对自由路的是山西会馆，两会馆仅一墙之隔，有小门相通。山陕会馆始建于清代，是山西和陕西在秦州经商者议事聚会之地，内祀财神关帝。其中陕省会馆门楼于民国十四年修建，系关中工匠雕造而成。通体用雕砖、水磨砖拼砌而成，4 柱 5 楼，面阔 3 间计 14.31 米。拱门上砖雕的梁柱斗拱、垂花檐楼、额枋花板，构成细腻繁华的仿木结构楼阁，并雕有珍禽异兽、花草虫鱼、人物故事等。整座牌楼建筑雕刻精美，富于想象，是难得的建筑艺术佳品。会馆现用于举办展览或文化活动。另，秦州区图书馆现驻山西会馆。

| 天水文庙 |

到达：多路公交车可乘，于龙城广场站下车稍步行即达；或乘坐出租车。

开放时间：全天开放。

门票价格：免费。

在秦州区中华西路步行街北，和胡氏民居南宅子毗邻。元大德六年（1302 年）创建，明清两代曾历经 8 次修葺扩建。原建筑群上为大成殿，左为崇圣宫，月台前左右各有庑 9 间，前为戟门，外为泮池，东有名宦祠，西有乡贤祠，再前为棂星门，门外东西各建一牌坊。现存古建筑唯大成殿完好，重檐歇山顶，明代建筑，略有元代遗风。面阔 5 间计 20.7 米，进深 3 间计 16.2 米，淳朴

天水文庙棂星门

庄严，高大巍峨。庙内现存明清古碑 11 通，古柏 4 株，古槐 8 株。亮点和看点：

《秦州乡贤祠记》碑。现存文庙碑廊，明成化十五年（1479 年）立石。高 180 厘米，宽 79 厘米。撰文者为赐进士出身的翰林院侍讲兼修国史经筵官李东阳。李东阳（1447—1516），字宾之，号西涯，明代湖广茶陵（今湖南茶陵）人。天顺八年（1464 年）进士。官至太子太保、吏部尚书兼文渊阁大学士。碑所记者，是曾任秦州州学训导、教谕门克新。门克新(1326—1396),明秦州人,一说秦州礼县天嘉人。洪武二十六年(1393 年)入朝，大受皇帝朱元璋赏识，授左春坊左赞善。在职期间，奉撰《长江万里图记》，甚称旨意。数年之后升任礼部尚书，不久染病，朱元璋命宫廷太医极力救治，养病期间薪俸照发。去世之后，朱元璋又命相关部门护送门克新归里安葬，并自制祭文特遣使节临

《秦州乡贤祠记》碑

家谕祭。成化五年（1469 年），秦州士民在文庙学官之前建门尚书祠堂，后约请著名文学家李东阳作《秦州乡贤祠记》。门克新官至礼部尚书，这是有明一代秦州之人所做的最大的官，对其际遇，李在“记”中评价“公起儒学，登台辅，得千载一时之遇，非其材器足任于用，恶可以幸致哉”。

| 陇南书院 |

到达：多路公交车可乘，于龙城广场站下车向东或于百货大楼站下车向西步行即达；或乘坐出租车。

开放时间：全天开放。

门票价格：免费。

在秦州区民主西路北，和天水市人民政府大院毗邻。清光绪二年（1876 年），为董文涣集资创建，清末改称陇南中学堂，民国时改称天水县立中学，现为秦州区人民政府驻址。书院坐北向南，占地 5100 平方米，共有房舍近百间，平面呈长方形，以纵贯南北的甬道为中轴线东西摆布，自南向北依次建有院门、斋房、通道、重门、内院、讲堂、中院、后院等。房舍多为歇山顶。砖门内有东西斋房六院，东一院北厅为监院监课处，西六院为监院常住所，东二、三院，西四、五院为生徒居所。讲堂后东西斋房为学院住所。北厅供文昌魁星。据光绪《秦州直隶州新志》卷二《地域》建置附，书院原建筑群的情形是：“前为大门，门内西房三楹，院夫居。北为重门，门内为东西斋房，凡六院。东第一院北，

陇南书院甬道

亭三，为监院监课之所。西第六院北，西厅三楹，为监院常位之所。余生徒所居，凡四十五室。又北为砖门，又北为内院门。门内之南，东屋四楹，北之东屋三楹。又北为重门，西房一楹，为院夫常住之所。南位北向屋二楹。又北为讲堂三楹。堂后东西斋各三楹，为掌院住处。北厅三楹，供至圣、文昌、魁星神牌。西耳房二楹，东耳房一楹。讲堂之东，又一门，穿夹道而北，其东有房二楹；又北而西，门一，门内东西房各二楹。其北大门一，门内东西房各五楹，北房五楹，东耳房一楹。后小院东西各二楹。”现书院基本保存完好，是一处以清代建筑为主，民国和现代建筑掺杂的建筑群。朱门青瓦，柏翠树绿，古朴典雅。看点和亮点：

1. 书院制度起源于唐朝，1000 多年来长盛不衰，清代省府州县都设立书院，书院遍天下，但保留下来的却为数不多。陇南书院主体建筑至今保存完好，徜徉书院旧址，领略其风采，遥想当年学子刻苦攻读、立志大任的情景及书院曾经有过的辉煌，我们是不是也很有文化呢！这个书院历史只有 28 年，但出过几十名进士举人，声名远扬。

2. 秦州有一部名志——《秦州直隶州新志》，清光绪十五年（1889 年）刻本，系陇南书院山长任其昌和伏羌著名学者王权合纂，其扉页注明“板存陇南书院”。此刻板残存现藏于天水市图书馆，如有兴趣看古代刻板印刷之板，可以一观。

| 纪信祠 |

到达：多路公交车可乘，于百货大楼站下车，斜对面即是；或由龙城广场出发，沿民主西路向东步行数百米即达；或乘坐出租车。

开放时间：全天开放。

门票价格：免费。

全国重点文物保护单位。

纪信祠即城隍庙，在秦州区大城十字街口东北侧。是祭祀西汉将军纪信的祠堂。明初由元代成纪县县衙改建，明清及民国时多次重修增建。三门四进，有殿、宫、廊、楼、庭、厦等建筑 21 座，占地面积 4960 平方米。沿中轴线依次是牌楼、砖雕门、门庭、小牌楼、二门、重门乐楼、直廊、拜阁、拜殿、主殿、寝宫等建筑。主体建筑拜殿、主殿、寝宫均为有元代建筑遗风的明代建筑，建筑艺术高超。前后院落院内尚有清代碑刻 9 通、古柏 3 株、古槐 4 株。看点和亮点：

1. 天下城隍多纪信。据《大明一统志》记载，纪信是秦州人，其实这个不可靠，因为《史记》《汉书》记其人而不载其籍。城隍是一个城市的保护神，当然要可靠的神来担当。纪信忠勇刚烈，楚汉相争，危急关头诳项羽掩护刘邦出逃，结果被项羽活活烧死。如此真烈士，奉为城隍，理所当然。清代秦州的三岔厅、街子镇城隍都是纪信。据统计,全国范围以纪信为城隍的城隍庙有 30 多处。

2. 纪信祠牌楼前牌坊草书匾额“汉忠烈纪将军祠”为于右任先生所书，简到极致而不失法度，是于体标准草书的代表作。

3. 重门乐楼后之长廊及拜阁屋顶悬各式匾额 10 余方，形式多样，书法也颇为可观。

4. 拜殿西侧山墙保存明代“城隍夜巡图”工笔淡彩壁画 30 平方米，线条流畅，场面宏大，不失为明代壁画的杰作。

纪信祠门坊

纪信祠前院

瑞莲寺

到达：多路公交车可乘，于龙城广场站下车，向北穿行至奋斗巷道即达。

开放时间：全天开放。

门票价格：免费。

在胡氏民居北宅子之北、秦州区大城奋斗巷中段。据乾隆《直隶秦州新志》卷三《建置》记，寺内“釜中生青莲，故名”。故址本是明代秦州卫指挥使向斗私宅改建，清顺治十年（1653 年）改建成为寺院。坐北向南，一进三院，依次为门厅，前院天王殿，东边伽蓝殿、西边祖师殿；中院大雄宝殿，东殿为观音殿，西殿为地藏殿；后院为藏经楼。主体建筑保留清代建筑风格。看点和亮点：

1. 瑞莲寺属佛教净土宗派，天水市佛教协会设于此，每月农历初一、十五及佛教节日都举行法会。腊月初八施舍佛家腊八粥，赶上了我们也可以排队领一份，“双手捧碗，缩颈而啜之”。

2. 王了望书法。王了望是明清之际陇上著名书法家，其书法成就可与王铎、傅山等一流书法家比肩，但作品流传较少，而其和瑞莲寺相关的作品就有3件。其一，寺门“瑞莲寺”匾额；其二，佛殿所悬木质联“在何所在，试参来，青莲叶底谁拜自？音实无音，聊说起，碧海潮头作甚观”。（此联原为仙人崖所撰，寺院僧人复制刻此）；其三，康熙二十二年（1683年）撰书的《秦州瑞莲寺募修准提阁疏》。此“疏”本为“募捐”，而意在民瘼，内容有“夫喜拾一事，无地不有人，无时不有心，而亦无地断此人，无时断此心也。

瑞莲寺大雄宝殿

试看今日远近琳宫，悉皆辉煌金碧，淋漓涂垩，有一处不恢扩增丽，较郊原丘墟景象，为人间茅屋茨舍之历落耳，谓之齿冷，是冷，是余反迂，其将无草木经笈，薙后益欣欣向荣耶？然使丘墟者皆能更新若是，将安堵旋集不止，中泽鸿雁息花鸣而振嘹呖也。闰浮气盛，人力、佛力当俱作欢喜缘矣……”此“疏”尚存民间。

| 万寿宫 |

到达：多路公交车可乘，于迎宾馆站下车向东或东桥头站下车，向西步行即达；或乘坐出租车。

开放时间：全天开放。

门票价格：免费。

又名庆祝宫，在秦州区建设路东端、天水市第一人民医院门诊楼对面，是地方官员举行朝拜礼仪及接旨仪典的地方。清康熙初年创建，原建筑规模较大，布局规整，占地2000余平方米。1999—2003年复修改建，两进院落，主体建筑宫门、午门、庆祝大殿风格依旧。大殿面阔3间计16.45米，进深三间计13.3米，单檐歇山顶，上覆黄色琉璃筒板瓦，鲜艳亮丽。现天水市书画院、天水市美术馆用作办公地点，不时举办各类书画展览。

| 李广墓 |

到达：乘9路、23路、26路等公交车，于眼科医院站下车步行可达；或乘坐出租车。

开放时间：8：00—18：00（3月—11月），8：30—17：30（12月—2月）。

门票价格：20元/人。

在秦州区藉河对面之石马坪文峰山山麓。相传是西汉名将飞将军李广的衣冠冢，建墓年代无考。清乾隆四年（1739年）重建，遗留墓碑1通。民国二十三年（1934年），驻军天水的国民党陆军第一师师长胡宗南重修李广墓，重建垣墙、大门、享殿、墓碑等。墓区原是石马坪中学校址，2000年学校迁出，整修扩建而成今李广陵园。陵园占地20余亩，为三层台阶式布局。一层为展厅，主要陈列和展览李广事迹、太守印模以及清代墓碑拓片等文史资料；二层为清代悬山顶式享殿，享殿前台阶下有破残石马

李广墓享殿门坊

一对；三层为墓区，有圆形封土墓冢和民国二十三年（1934年）蒋介石题书的“汉将军李广之墓”塔形墓碑。亮点和看点：

1.关于李广故里及李广的籍贯，《史记·李将军列传》有明确记载：“李将军广者，陇西成纪人也。”而对于汉代陇西成纪今地在哪里，学术界多有争议。但不论如何争议，可以肯定的是，在晚唐的时候成纪的县治就迁到了今天水市区，天水也就有了李广故里之称，这就是天水石马坪建有李广墓的基础。明清之时，天水西关有飞将巷，俗称李家巷，巷口立“飞将故里”牌坊和石碑，是公认的李广后裔族人居住之地。清乾隆时秦州知州国栋听说李广后裔有从事烧陶行业者，很感慨地赋诗《闻李广后人有由行伍改业陶者》，有句：“陶家事业今非贱，林壑栖迟意所欣。苗裔有人还落拓，何时重策汉廷勋。”

2.关于李广墓的始建年代，几部“秦州志”都没有记载，李广墓园也没有可供考索的碑石，因此“无考”。但我们依据一些故实可做出初步推断。一是唐宋以来天水就有李广故里之称；二是飞将巷李氏族人供奉的李广影像的服饰等是典型的宋代风格；三是李广墓所在地石马坪的地名就是因为墓园享殿下有石马而得名，村庄能以墓园石马命名，可见墓之久远。结合有宋一代民族矛盾激化，国乱思良将的大背景判断，墓园建设应不晚于北宋。就是说李广墓是古已有之的古墓，是有历史的，我们尽可放心凭吊。

3.蒋介石题碑轶闻。民国二十二年（1933年）初，胡宗南

李广墓墓冢和墓碑

整修李广墓完工，特邀蒋介石题书“汉将军李广之墓”墓碑，落款为“民国二十三年十一月一日”，碑现存，是李广墓之一景。20世纪60年代，“蒋中正”题名被学生凿毁，碑面被某教师以白灰覆盖，才得以幸存。据说，胡宗南整修李广墓时，趁机发掘过李广墓，除得到一副铠甲外，什么都没有找到。过后他感到非常内疚，于是利用其得意门生的身份，请他的最高上司蒋介石题碑。胡自己也在墓门上题匾“飞将佳城”。“佳城”典出《西京杂记》，是墓地的雅称。

| 中华东、西路步行街 |

在龙城广场之东约1000米，街道两旁遍布各种小店、养生会所、酒吧等。街道西头靠南是商场和经营各种小吃的夜市，靠北和文庙、胡氏民居南宅子相邻，中段和青年南路相接处有阳光饭店、天水人、全席等酒店。街心有古槐数株，苍翠挺拔，很是招人。

| 藉河风情线 |

谈及天水城的地理环境，有一语最为合适——“两山夹峙，一水中流”。这中流之“一水”便是藉河。藉河，《山海经》中称洋水，《水经注》中称藉水，《通典》中称峄水，有史志以“耤水”“耤河”名之，实则“耤”“藉”相通，形异而意同也，古音均读“xi”。其源出甘谷县南部瘦驴岭，汇众流而东，横穿天水城，于麦积区二十里铺乡峡口村注入渭河，全长 85 公里。2005—2008 年天水

藉河风情线

市实施藉河城区段生态环境综合治理工程，河道清淤蓄水、河堤拓宽以园林化标准绿化亮化，形成藉河风情线，绿树如荫，繁花遍地，水泛碧波，是市民休闲散步的好去处。现天水市藉河生态综合治理二期工程正在建设，建成之后藉河风情线将一直延伸至藉河与渭河交汇的峡口，届时秦州、麦积两区城区将被园林长龙联结，城市面貌将彻底改观。如果你是夏季来天水，傍晚时分可以和天水市民一样在风情线上散步、聊闲、赏景、消夏。

邵力子捐书陈列馆

到达：多路公交车可乘，至中医院站或秦州公交站下车，步行即可到达；或乘坐出租车。

开放时间：天水市图书馆上班时间开放。

设在藉河北路、藉河南大桥头天水市图书馆内四楼。收藏1937年著名爱国人士邵力子先生所捐全部图书。邵力子（1882—1967），浙江绍兴人。1931年至1936年先后任甘肃、陕西省政府主席，期间收藏有关西北文化、教育、历史等方面的大批珍贵图书。1936年底，邵力子调任国民党中央宣传部长，次年抗日战争爆发，日机轮番轰炸西安等地，藏书安全受到威胁，在天水籍学者冯国瑞等人的斡旋下，邵力子毅然决定将其寄放在西安的全部图书捐赠给天水县图书馆。据冯国瑞《天水图书馆记》载：“总共五千二百四十二种，一万六千六百一十六册，含册帧照片等，略得五万卷以上。”2005年4月，天水市图书馆成立邵力子捐书陈列馆，选择陈列邵之捐书 1491 部 13546 册。陈列馆设施齐全，古色古香，阅览条件良好，需要者可持有效证件阅览。

| 天水师范学院 |

到达：有多路公交车可乘，至师院南或天水师院站下车即达；或乘坐出租车。

开放时间：全天开放。

门票价格：免费。

在秦州区西南滨河南路之南。1959 年成立，2000 年由天水师范高等专科学校升格为天水师范学院，开始本科招生，2013 年开始招生培养教育硕士。2016 年底，学校占地 670 亩，馆藏

校园小景

图书 110 万册。共有教职工 903 人，其中专任教师 750 人，各类在校生 16000 余人。有 17 个二级学院，开办本科专业 53 个。校园花木遍布，四时皆景，体育设施齐全，可观览，可散步，可健身。学校逸夫图书馆设霍松林艺术馆，陈列天水籍著名学者、陕西师范大学霍松林所捐藏书及名人书画。4 号教学楼设天水师范学院美术馆，不时有书画展览。

| 天一书店 |

到达：多路公交车可乘，于百货大楼站下车向西数十米即是；或由龙城广场出发，沿民主西路向东步行数百米即达；或乘坐出租车。

开放时间：9：00—21：00。

书店定位——多元文化交流平台，阅读文化体验空间。

天一书店一角

在天水市人民政府对面，天水市新华书店东隔壁，秦州区民主西路三兴大厦负一层。1993 年开办，是天水市尚文文化传播有限责任公司旗下的实体书店。经营面积 2180 平方米。主营人文社科图书，常备图书 4 万多个品种，32 万余册。这个书店不简单，是卖书的地方，也是读书的地方，还是举办文化活动诸如讲座、朗诵、作品研讨、新书发布的地方。另，附设办公文体器材和学生用品专区、咖啡馆。是书店，更是综合性的公共文化空间。功用齐全，环境优雅。一个小城市，能有这样一家大书店，真的不简单。来天水看景，看一下天一书店的“景”，值得。

十二、麦积山景区

一望便知麦积区

麦积区，在天水市城区东，距城区 20 公里。2016 年，常住人口 56.53 万人，城区人口 25.21 万人，区辖 17 个镇。

【旅游关键词】麦积山石窟，仙人崖，石门山；麦积区博物馆温泉；花牛苹果；汉唐陶艺；天水风味菜肴，呱呱，打卤面，馄饨，扁食。

| 麦积山石窟 |

到达：于天水市区兰天广场秦州公交站乘 5 路公交车、在天水南站（高铁）乘 60 路公交车、天水火车站乘 34 路公交车均可直达。

开放时间：8：30—17：30（5 月 —10 月）；9：00—17：00（11 月—4 月）。注意：最晚进入景点时间为 16:00。

麦积山远景

Ⓢ 门票价格：90元/人，携程、途牛等网站可预订。观光车票价：往返15元/人，单程8元/人。参观麦积山石窟须攀登凌空栈道，有恐高症、心脏病等不宜登高游客可购买景区游票（20元/人），于山下远观之。

【提示】若时间宽裕，可连带游览广场东2公里处的麦积山植物园。

1961年被国务院列为第一批全国重点文物保护单位。国家

5A 级旅游景区，世界文化遗产，国家地质公园。中国四大石窟之一。

麦积山，又名麦积崖，在天水市东南 45 公里处，行政区划属麦积区麦积镇。海拔 1671.4 米，山高 142 米，基岩裸露，夹有薄层砂岩及含泥砾岩，色呈砖红，形如麦垛。五代十国时期的大学者王仁裕在《玉堂闲话》中说："麦积山者……望之团团，如民间积麦之状，故有此名。"周围群峰环抱，林壑幽峭，松桧遍地，流泉四布。南宋《方舆胜览》称之为"秦地林泉之冠"。

麦积山石窟造像始于东晋十六国时期之后秦，北魏、西魏、北周、隋唐、五代、宋、元、明、清历代均有修造。石窟的主要内容包括建筑、雕塑、壁画三大部分，而每一洞窟往往又是三者结合的艺术整体。现保留有大小洞窟 209 个（有造像者 194 个）、泥塑和石雕大小佛造像 7866 身、壁画 1056 平方米。洞窟建筑古朴典雅，雕塑逼真传神，壁画生动优美，在中国石窟艺术中独树一帜。亮点和看点：

1."东方雕塑馆"。相较而言，中国"四大石窟"中，云岗、龙门以石雕见长，莫高窟以壁画著称，而麦积山则以泥塑闻名。麦积山体由沙砾岩构成，客观条件不宜精雕细刻，于是古代的艺术家们因地制宜、就地取材，创造了以泥塑为主的麦积山石窟艺术。形式可分为高浮塑、圆塑、粘贴塑、彩塑四种，题材有佛、菩萨、弟子、天王、力士等。各种塑像栩栩如生，表情逼真，喜怒哀乐、虔诚、天真、慈祥各种情态都被表现得淋漓尽致。塑像多采用“以形写神”和“形神兼备”的传统手法，上彩不重彩，或者直接用塑泥表现质感。洞窟内自后秦至清代的作品纵不断线，均保持着各自的时代特色，系统地反映出我国泥塑艺术的发展、演变过程。保存泥雕数量之多、艺术水平之高，在国内众多石窟中无出其右者，被誉为“东方雕塑馆”。来麦积山，看什么？当然首当其冲要看泥塑，尤其是北朝造像，当你停留一阵，对视凝望，定然会发现无穷的美感。

2. 造像的世俗化倾向。佛教艺术中国化、艺术化是一种普遍性倾向。有一首民歌是这样唱的：“十六十七着学木匠，十八着学了一个画匠。站在莲台上画菩萨，把尕妹妹的模样儿画上。”说明了佛教艺术在中国世俗化的深层动因。佛国世界亦即世俗世界。麦积山的佛造像无论是庄严肃穆的佛陀、慈悲大度的菩萨，还是虔诚恭谨的弟子、轻快自如的飞天，或孔武有力的金刚力士、虔诚和蔼的供养人，大都栩栩如生、充满浓郁的生活气息并表现出强烈的世俗化倾向。佛教艺术世俗化常见，但像麦积山这样浓烈的世俗化则少见。

3. 第 4 窟和“薄肉塑”伎乐飞天。麦积山石窟建筑形制分窟、龛、崖阁、摩崖 4 大类，现存大型窟龛 19 个，其中以第 4 窟最为壮观。第 4 窟又称七佛阁，始建于北周，或言即庾信作铭的北周陇右大都督、秦州刺史李允信的功德窟。位于东崖最上部，为大型庑殿顶崖阁建筑，前开七间八柱窟廊，后列七佛龛，通高 16 米，面阔 30.48 米，进深 8 米，堪称“麦积奇观”。虽然原有

“薄肉塑”伎乐飞天

的庑殿顶和廊柱早已在地震等灾害中损毁，但留存者依旧气势恢宏，足以使人叹为观止。“薄肉塑”伎乐飞天在七佛龛外上部，每龛上部 1 幅，共 7 幅，共同组成大型天国“音乐会”场景。每幅纵 190 厘米，横 350 厘米，4 身飞天两两相对，散花奏乐。是为北周原作，绘塑结合，标新立异，色彩如新，是石窟绘画史上重要的代表作。附带说一下，麦积山由于气候潮湿，历代壁画大多受侵蚀而剥落，现存者仅是原壁画的 20%，但就内容而言，佛传故事、本生故事、经变故事说法图应有尽有，其建筑图、山水画等也是别具风格，在特窟中可以看到。

4. 特窟。游览麦积山，我们都会有疑问，怎么大多数洞窟都是窟门紧闭，让人不能见我佛真容，或只能隔着金属网怅怅而望呢？无疑这是保护措施使然。不过，门票之外另外付费就可以参观特窟，以满足看门道之人的特殊需要。麦积山石窟遴选特窟计15个，即第43窟、第44窟、第62窟、第74窟、第76窟、第78窟、第102窟、第115窟、第121窟、第123窟、第127窟、第133窟、第135窟、第142窟、第155窟，其中大型洞窟为第127窟、第133窟、第135窟。简介如下：

第43窟，西魏建造。即史书上说的乙弗皇后自尽后“凿麦积崖为龛而葬”的那个龛，又称“寂陵”，龛之后壁有一纵长方形深穴，即墓室。

第44窟，西魏建造。四角攒顶方形窟。正中坐佛是西魏时期的代表作，也是麦积山最美的佛造像。

第62窟，北周建造。四角攒顶方形窟。三壁各开一龛，供三佛，四壁画有小“千佛”。

第74窟，后秦建造，北魏重修。平顶敞口大窟。菩萨呈印度风格。

第76窟，北魏建造。平顶方形小窟。窟顶正中有花雨飞天。

第78窟，后秦建造，北魏重修。平拱敞口摩崖大窟。有北魏太武帝灭佛痕迹。有供养人画像两排16身，并有相关墨书题记“仇池镇□（经）生王□□供养十方诸佛时”等。

第102窟，西魏建造。平面方形攒尖顶窟。窟内有维摩诘居士造像。

第115窟，北魏建造。方形平顶小窟。窟内佛座有“大代景明三年九月十五日上邽镇司马张元伯”的造像题记，是为麦积山石窟唯一一个有明确开窟纪年的洞窟。

第 121 窟，北魏建造。平面方形覆斗顶窟。正壁龛外左侧为一组菩萨和弟子造像，头侧并靠，面带微笑，呈耳语状，这就是上镜率最高的“窃窃私语”。

第 123 窟，西魏建造。平顶方形窟。门口两侧侍立男童、女童各一人，憨厚质朴，稚气可爱，面带笑意，透视出摄人心魄的美感。

第 127 窟，北魏建造。平面横长方形帐形顶窟，顶高 4 米，面宽 8 米，进深 4 米。是麦积山石窟保存壁画最多的洞窟，计 99 平方米，除佛座四周有少量明代壁画外，全是北魏原作。题材有：涅槃经变图、维摩诘经变图、西方净土变图、七佛图、地

第 127 窟《睒子本生》局部

狱及战骑图、帝释天图、穆天子拜见西王母图、舍身饲虎图、睒子本生故事图等，所涉及人物画、山水画、建筑画，色彩和谐，技法上乘，达到现存同类同期壁画的最高水平。

第133窟，又称万佛洞、碑洞，北魏建造，宋代重修。此窟按汉代崖墓形式开凿，是方楣平顶与覆斗藻井相结合型大窟，窟一周凿11个大龛，壁上方又凿叠龛4个，中间石柱连接窟顶，复室叠龛，结构复杂。顶高5.8米，面宽12.2米，进深10.83米。王仁裕《玉堂闲话》中说："将及绝顶，有万菩萨堂，凿石而成，广若今之大殿。其雕梁画栱，绣栋云楣，并就石而成，万躯菩萨，列于一堂。"昔日辉煌可见一斑。窟内现存各类大小佛造像4953身，的确无愧"万佛洞"的称谓。前庭窟顶残存仙人乘龙、骑鱼、乘凤、散花出巡图。另有北朝造像碑18通，其中以第1号和第10号最为珍贵。第1号造像碑即千佛碑，四面环刻小佛1337身，精细入微，令人叹为

第133窟第10号造像碑

观止。第 10 号造像碑即佛传故事造像碑，采用连环画形式完整雕刻佛传、本生、因缘故事情节，技法娴熟，形象生动。窟内第 9 龛静立小沙弥 1 身，憨态可掬，会心微笑，喜感无限。天水汉唐麦积山艺术陶瓷有限公司的主要产品“小沙弥”就是取材于此，名之为“东方微笑”。

第 135 窟，北魏建造，北周、宋重修。平顶方形大窟。正壁凿三龛，左右壁各凿一龛，前壁门顶凿 3 个明窗。顶高 4.4 米，面宽 8.9 米，进深 4.7 米。窟中立一佛二菩萨三身石雕造像，主佛重量近 2 吨。窟内残存壁画约 50 平方米，题材为涅槃经变图、八王争舍利图、说法图等。

第 142 窟，北魏建造。平顶方形窟。窟内有一女供养人影塑造像，左手牵着一个孩童，很是有趣。

第 155 窟，北魏建造。平顶方形窟。三壁各凿一大龛，四壁上部凿 29 个小龛。窟内有麦积山石窟最早出现的佛弟子塑像，窟顶有莲花 5 朵及飞天数十身。

收费标准：第 127 窟、第 133 窟、第 135 窟，10 人以下团每窟参观一次收费 600 元，超过 10 人每增加 1 人加收 10%；5 人(含 5 人)以下收费 400 元。美术类院校学生每人 30 元/人/次。

第 43 窟、第 44 窟、第 62 窟、第 74 窟、第 76 窟、第 78 窟、第 102 窟、第 115 窟、第 121 窟、第 123 窟、第 142 窟、第 155 窟，10 人以下团每窟参观一次收费 500 元，超过 10 人每增加 1 人加收 10%；5 人（含 5 人）以下收费 300 元。美术类院校学生每人

第 44 窟佛造像

25元/人/次。

特窟自然特别，各有亮点，历史价值、艺术价值都很高，收费也不菲。要看就看内容丰富的大型洞窟，即第127窟、第133窟、第135窟。还可以再简化，第127窟看壁画，第133窟看佛造像。当然有特殊需要者可择其喜好而观之。约集同好组团参观比单枪匹马参观性价比要高出很多。2015年拍摄完成的5集纪录片《麦积山石窟》对15个特窟有系统拍摄，想看又想省钱，可以躺着看这个。

5.乙弗皇后的哀婉传奇故事。乙弗氏是吐谷浑族人，自高祖父乙弗莫瑰始，依附北魏，世代和皇室联姻，乙弗氏的母亲就是孝文帝的第四女淮阳公主。她天生丽质，沉稳大度，父母视为掌上明珠，曾指示诸亲："生女何妨也，若此者，实胜男。"乙弗氏16岁的时候，成为西魏文帝的妃子，大统元年（535年）被册封为皇后。她生性节俭，绝于服玩，统率后宫，德高望重，和文帝也是琴瑟和谐。只是当时，北方柔然势力膨胀，不断南侵，西魏穷于应付，文帝便采用和亲的办法，纳柔然公主为后。于是政治决定了乙弗氏的命运，她只能移居别宫，进而出家为尼。而生性爱吃醋的新皇后柔然公主还是不依不饶，乙弗氏只得西徙秦州，投奔时任秦州刺史的儿子。意外的变化，使乙弗氏身心俱疲，于是隐居麦积山，修身养性，不问世事。薄情郎文帝不知是何原因，是良心发现，还是柔然公主索然无味？总之他又想到了乙弗氏，捎信让其蓄发，还表露出想迎还的意思。柔然公主侦知消息后，指使柔然举国渡河南侵，薄情郎兼软骨头文帝摇身一变，振振有词地说："岂有百万之众为一女子举也？虽然置此勿论，朕亦何颜以见将帅邪！"随后遣宦官敕令乙弗氏自尽。乙弗氏接到诏书，犹如五雷轰顶，但依旧不失其特有的高贵秉性，挥泪对来者说："愿至尊享千万岁，天下康宁，死无恨也。"而后招呼僧人举行仪式，亲手为贴身侍婢剃度出家。事毕，乃入内室，引被自覆而崩。这一年乙弗氏 31 岁。和文帝的宵小行径相较，乙弗氏厚德载物的品行足以光照千秋。按照遗命，乙弗氏自尽后就地在麦积山凿龛而葬。相传下葬那天，有祥云两丛出入龛中，环护英灵，见者莫不称奇。据学者研究，第 43 窟形制独特，前有拜庭，后有墓龛，当是乙弗氏墓所在。和第 43 窟相邻的第 44 窟有一尊坐佛，女性特征明显，慈悲美丽，神气坦然，两颊和嘴角露出一丝震撼人心的微笑，当是热爱乙弗氏的僧俗大众刻意依照其形象所建造。废帝之时，执行文帝的遗诏，乙弗氏灵柩迁葬文帝永陵。麦积山的龛陵空空如也，于是就有了"寂陵"之称。

6. 杜甫《山寺》。唐乾元二年（759 年）秋，诗圣杜甫流寓秦州，登临麦积山石窟，留有诗作《山寺》："野寺残僧少，山园细路高。麝香眠石竹，鹦鹉啄金桃。乱水通人过，悬崖置屋牢。上方重阁晚，百里见秋毫。"描写山寺高险，禅房恬静，虽隔千古，如在目前。

7. 栈道。麦积山窟群开凿于 20 米到 80 米高的垂直崖面上，密如蜂房，错落有致。洞窟之间以悬空栈道联结，回环往复，惊险奇绝。原栈道为木质，易损坏，需经常更新。1981—1983 年，

架设混凝土及钢管扶栏混合结构新型栈道。宽 1.5 米，全长 1000 余米。提心吊胆地在高悬的栈道上爬上爬下饱览麦积山的远景近窟还是有些刺激的。当然，如果恐高，就只能遥看远观了。

8. 瑞应寺。在麦积山石窟山脚。按常理，石窟是刻在山上的寺院，应是瑞应寺的附属部分，而我们都是本着石窟来的，所以就把山脚的寺院给忽略了。瑞应寺之始建年代与石窟同，始名石岩寺，东晋名无忧寺，隋名净念寺，唐名应乾寺，宋名瑞应寺。现存为明代重建、清代重修。有山门、天王殿、大雄宝殿、左右

麦积山石窟栈道及洞窟

配殿、钟鼓楼、麦积山馆等建筑。院内尚有明清碑刻多通。看完石窟，也可以关注瑞应寺。

9. 麦积烟雨。麦积山石窟将自然风光、人文内涵完美结合，石窟因风景而增色，风景因石窟而添彩。秋季，每当细雨霏霏，栈道和洞窟之间烟雾缭绕，时散时合，若有若无，如诗如画，俨然佛国仙境，这就是人们所向往的秦州十景之一“麦积烟雨”。清代诗人吴西川《麦积烟雨》有句：“最宜秋雨后，兼爱暮时烟。”如果运气好，我们就可以一览这可遇而不可求的神奇景观。

| 植物园 |

和麦积山一梁之隔，从石窟广场往东南上石台步行约 2 公里即可达。简介详见第 37 页。

| 仙人崖 |

到达：于天水市区兰天广场秦州公交站乘 16 路公交车、天水火车站乘 37 路公交车均可直达。另，麦积山石窟停车场有景区公交可达。

开放时间：9：00—18：00。

门票价格：40 元 / 人。观光车票价：往返 10 元 / 人。

全国重点文物保护单位。国家 5A 级旅游景区。

又称仙人岩，在麦积山石窟东北 15 公里的朱家后川。因传说常有仙人出没山崖岩穴间而得名。北魏即建有石窟寺，后又建有道观，历代多次重建，是一处佛道合一的名胜景观。其景点分散，由三崖、五峰、六寺组成。三崖，依其方位，名曰东崖、西崖、南崖；五峰即玉皇峰、宝盖峰、献珠峰、东崖峰和西崖峰；六寺为木莲寺、石莲寺、铁莲寺、花莲寺、水莲寺和灵应寺。崖贴峰起，庙依峰立，峰峦耸翠，寺观悬妙。观光赏景，必须经历台阶高低上下、小道迂回曲折，但峰峰有寺庙，山山景不同，你辛苦着、攀爬着，肯定也会快乐着。亮点和看点：

1. 仙人送灯。“仙人送灯”是秦州十景之一。说法一，每至夏夜，萤火点点，出没山崖，恍若仙人送灯。说法二，每至深夜，山崖间经常有灯火浮现，乾隆《直隶秦州新志》卷二《山川》言:“右有宝盖山，左有燃灯阁，或云昔有仙人送灯之异，至今油迹犹存。”

2. 西崖。也称西庵，崖腰有屋檐式天然凹槽，长 116.4 米，最深处 20.7 米，檐下有大佛殿、文殊殿、观音殿、财神殿、老君殿、三教殿等殿宇 14 座，36 间。我们从图片上见得最多的就是这一组建筑。

3. 灵应寺石窟。在仙人崖玉皇峰即南崖之南麓，绝壁崖面上有高大的悬塑和摩崖小龛遗迹，据考始建于北魏，正是乾隆《直隶秦州新志》所言的千佛洞。其南崖山顶是著名的卧佛洞，原建于北魏，明代重建。洞高 3.35 米，宽 6.4 米，深 3.2 米，有佛祖

含纳在崖壁间的寺庙

灵应寺崖壁残存窟龛

释迦牟尼涅槃像和十大弟子立像，表情各异，形象生动。

4. 东崖。明代建有罗汉堂，现完好，有佛、菩萨及十八罗汉造像，艺术水准一流。

5. 朱家后川。仙人崖之后有一村，名朱家后川。相传明朝灭亡之后，有平凉朱明韩王后裔为躲避清兵剿杀，逃到仙人崖，隐姓埋名，抛冠修道。等风声渐平，便在后川一带成家立业，繁衍生息，渐成村落。现后川村民多数姓朱，并有家谱留存。今仙人崖西崖留存《钦赐韩府官地》碑，是为重新确认仙人崖一带韩王府“官地”四至界畔的划界碑，可见此传说由来有自。

6. 朱家后川农家乐。是为麦积区农家乐较为集中的区域，可以品尝到当地居民自家制作的正宗浆水面、凉粉、手工面条等特

仙人崖山脚的仙人湖

色小吃。也有民宿，可以留宿。如时间宽裕，秋天旅游，可选择睡暖炕、吃馓饭、打牌。尤其是细雨蒙蒙之际，天气阴冷，体验此“三样”真是莫大的享受。

| 石莲谷 |

到达：在进入仙人崖之路口，在前往仙人崖时下车停留观瞻即可。

开放时间：全天。

门票价格：免费。

在朱家前川和后川的分路口上，前后川溪流于黄家峡口汇合，激流入谷，漱石成景，状如莲花，于是有“石莲谷”之称。峡谷幽深，弯弯曲曲，顺流山行 10 余里可至诗圣杜甫当年流寓过的东柯谷。谷中怪石嶙峋，林丰草茂，峭壁挂树，溪水游鱼，好景致令人应接不暇。适宜徒步行走观赏。

净土寺

到达：于天水市区兰天广场秦州公交站乘16路公交车、天水火车站乘37路公交车均可直达。

开放时间：全天。

门票价格：免费。

在仙人崖北之后川河谷。群山环绕，苍松满谷，山风吹来，松涛阵阵，人称“净土松涛”，为秦州十景之一。乾隆《直隶秦州新志》卷三《建置》说：“净土寺，东南九十里，群峰回抱，两溪环流，万树浓荫之中，一坪如掌，寺在其上，最为胜境。”20世纪50年代至60年代，寺院原有建筑损毁，80年代始，海正法师等人多方筹资，在原址重建，经多年不懈努力，终于建成宏大气派的建筑群落。主要殿宇有大雄宝殿、古佛殿、观音殿、文

净土寺

殊殿、地藏殿、天王殿、罗汉堂、伽蓝殿、祖师堂以及藏经阁、禅房、客堂、钟鼓楼、牌坊等，各抱地势，金碧辉煌，使净土寺成为佛教净土宗的著名寺院。

其罗汉峰旁有一山崖，崖面突出，天工造化，构成巨形佛祖头像，远观侧面，剪影惟妙惟肖。又，净土寺山门西侧公路旁立有一块大石，系从附近山崖堕落，石上有原始岩画一幅。高 224 厘米，宽 410 厘米，厚 195 厘米。据初步研究，有星象图和山川河流状线条，时间应在秦汉以前。有兴趣者可继续探索。

| 石门山 |

到达：在天水火车站乘 48 路公交车可直达。

开放时间：9：00—18：00。

门票价格：40 元 / 人。

在麦积山东北 25 公里伯阳镇、党川乡交界处，距麦积城区 50 公里。石门山因南北峰对峙，中有缺口，望之如门而得名，其景雄、险、秀、幽、奇兼备，峰峦插天，松杉满山，有“西北小黄山”之誉。

乾隆《直隶秦州新志》卷二《山川》说：“其山壁立千仞，苍翠欲滴，四周峭崖无径，中通路若门焉，因号‘石门’，盖天险也。峰有三。凡十八盘而上，约十里余始臻其巅，无限松篁辉映殿阁，为秦州第一洞天福地。”石门山是道教名山，建筑历史最早可以追溯到南宋，元、明、清以至民国，均有建修，现存明

石门山聚仙桥

清建筑 27 座，塑像 30 尊，洞窟 2 个。

石门山的景观，或可概括为一楼、二禽、三奇、四杉、五兽、六珍、七花、八景。兹让我们一一道来。一楼，即石门山北峰钟楼；二禽，指栖息石门山的红腹锦鸡和鹦鹉；三奇，是说石门山峰奇、松奇、石奇，有黄山之风貌，故石门山又被誉为“陇上小黄山”；四杉，指的是山上林木以云杉、水杉、冷杉、红豆杉最多；五兽，指栖息山林的绶带鸟、麂、麝、鹿、兔；六珍，指石门山出产的祖师麻、木通、颉草、凉菌、松子、花椒等林产品；七花，指满山遍野自然生长的琼花、玉兰、杜鹃、丁香、箭竹、珍珠梅、秀线菊等花草；八景，指石门夜月、翠凝仙桥、量天插云、鹫岭卧虎、白鹿映门、盘石洞悬、龙腾峰顶、天门观云。事实上，这些景观有一大部分是我们没有关注过的，但这一概括的确能勾起我们的向往之情。亮点和看点：

1. 石门夜月。为月景奇观，秦州十景之一。每逢农历月半，远离尘嚣，远观月亮从石门山南北两座山峰间冉冉升起，挂上中天，顿觉山川清丽，物我两忘，无限美感涌上心头。若秋夜观月，意境尤为幽远。清光绪年间进士张世英曾在聚仙桥题有匾额“陇月先得”。清秦州知州齐佳士《重修石门山记》说：“考之州志，著有十景，其一曰‘石门夜月’。其山与郡东麦积山、仙人岩林立，

石门云海

壁列万仞，中通若门。月出东山之上，俨然骊珠之在仙掌，银镜悬于云台，蟾光桂影，灿然文明。嗣是之人杰，将因地灵而愈加丕振矣。”

2. 拾级赏景。石门山主要景点有五峰——玉灵峰（又称南峰，是石门山景区的最高峰）、皇天峰（又称小南峰）、兴隆峰（又称北峰）、斗姆峰、麒麟峰。五座山峰，峰峰有庙宇。玉灵峰有玉皇殿、三官殿、山神庙。皇天峰山腰有桥悬跨山峰间，即著名的聚仙桥，亦即图片上亮相最多的“石门夜月”之所。兴隆峰建有真武殿（亦称无量殿）、老君殿、赵公庙。斗姆峰建有财神殿、灵官殿、文昌宫、钟楼等。麒麟峰建有王母殿、三霄殿、桃花庵等。从山脚沿山脊拾级而上，五峰景点就会依次映入眼帘。就像一幅卷轴画，徐徐打开，而越打开越见新奇。

| 放马滩秦汉墓 |

到达：在天水火车站乘 48 路公交车可直达。

开放时间：9：00—18：00。

门票价格：10 元 / 人。

全国重点文物保护单位。

在麦积区党川镇北放马滩（又称牧马滩），距麦积城区 35 公里。于 1986 年发现，清理发掘秦墓 13 座、汉墓 1 座，出土大批文物。其中 1 号秦墓出土木板地图 4 块（两面绘制）7 幅，完好未朽，字迹线条清晰。据研究，为战国后期秦国邽县政区地形图，绘制年代约为公元前168年，是迄今发现的世界上最早的实物地图。汉墓还出土纸质地图1幅，其纸由植物纤维制成，质薄而软，纸面平整光滑，为现今所知最早的实物纸张。此外，秦墓还出土竹简460枚，毛笔及笔套4件，算筹21枚，木版画2幅，都有重要的文物价值。竹简之内容为《日书》和《墓主记》。有学者认为《墓主记》故事叙事完整，是中国志怪小说的雏形。

放马滩文物全部收藏在甘肃省考古研究所和甘肃省博物馆，现在荒草遍地的原址，能看到的只有标志“放马滩”的石碑和贴题“放马”的水泥雕塑白马而已。如果感兴趣，可以在去石门山时略作停留，看看出土文物之地的山川形势，发发思古之幽情。

世界上现存最早的实物地图——放马滩木板地图

曲溪秋色

曲溪景区

到达：景区没有直达公交车，可自驾或坐出租车前往。亦可乘5路或34路公交车，在麦积山停车场下车，再租车或拼车前往。

开放时间：9：00—18：00。

门票价格：20元/人。

北距麦积山石窟16公里，山幽林静，岚雾缭绕，水波粼粼，鸟鸣啁啾，是一处纯自然的风景区。

发源于秦州区娘娘坝乡的白家河，在流入麦积区党川乡境后，与发源于麦积山东侧天子坪山的冷水河汇合，曲折东流，经观音殿、马家坪，在徽县境内与花庙河合流后注入嘉陵江。因水路曲折，故名曲溪。景区以冷水河口为起点，向东依次有鱼娃娃口、窝窝滩、水獭崖、夹马槽、马场坝、河口、月牙崖、花园坝、乱石窟和观音殿等景点。河水时而环洲分流，时而聚汇合流，时而淌流平地，时而穿流山崖，清流散珠，任意东西。在曲溪，可看山光水色，可听林间鸟鸣，可感自然和谐。春夏间，数以千计的燕子在绿树间此飞彼落，还会出现曲溪燕舞景观。

| 街子古镇 |

到达：在天水火车站乘38路公交车、48路公交车可直达。

开放时间：全天。

门票价格：免费。

街子古镇崇福寺佛殿

所在现为街亭村，于是也称街亭古镇。地处神龙山下，黄家峡和温家峡河水分别从东、西而来，半环交于镇北边沿，于是成就背负神龙、三面环水形势。五代王仁裕《玉堂闲话》有载，明清时期这里即为秦州名镇，商业繁盛，建有城垣。今十字老街及原有建筑格局基本保持，有山陕会馆、关帝庙、文昌阁、崇福寺等。崇福寺在村东，相传建于唐代，佛道合一，有祖师殿、三官殿、大佛殿、菩萨殿、财神殿、城隍庙等建筑，多为清代所建。寺内存明代大铁钟 1 口，清代重建碑数通。村西北有杜甫东柯草堂遗迹（简介详见第 242 页）和麦积温泉度假村（简介详见第 41 页）。据统计，古镇现有古民居 254 处，古树 12 株，古井 6 眼。2014 年被国家文物局列为中国历史文化名村。

| 双玉兰堂 |

到达：有 34 路、37 路、38 路、48 路、5 路、16 路、60 路等多路公交车可乘，甘泉站下车步行即达。

开放时间：全天。

门票价格：免费。

【提示】看双玉兰花应在公历 3 月下旬，花期一周左右。得卡好时间，否则那就“无可奈何花去也”。

在麦积区甘泉镇甘泉寺内。甘泉寺的前身是唐代的太平寺，唐乾元二年（759 年），诗圣杜甫游历至此，留有《太平寺泉眼》一诗：“山头到山下，凿井不尽土。取供十方僧，香美胜牛乳。”

玉兰花开了

寺院内有巨形玉兰两株，相传于唐代栽植，分列双玉兰堂左右，相距 5 米。东侧一株高 17 米，树围 235 厘米，基围 330 厘米，冠幅南北 12 米、东西 13 米；西侧一株树高 16 米，树围 194 厘米，基围 210 厘米，冠幅南北 12 米、东西 8 米。两树枝密叶茂，相互交通，树冠浓郁，乔柯耸立，蔚为壮观。20 世纪 50 年代，时任甘肃省省长的天水乡贤邓宝珊先生请国画大师齐白石题有“双玉兰堂”匾额，现悬于双玉兰堂。每年 3 月下旬春分前后，双玉兰恣意绽放，左白右粉，繁花遍枝，清香四溢，美不胜收。

十三、市辖各县

一望便知秦安县

秦安县，在天水市北部（和市区间隔麦积区），县城距天水市城区 59 公里。总面积 1601.6 平方公里。2016 年，常住人口 52.48 万人。县辖 12 镇 5 乡。

【旅游关键词】大地湾，大地湾博物馆；兴国寺，文庙，凤山；秦安县博物馆；娲皇故里；瓜果之乡；秦安蜜桃，秦安苹果；肚丝汤，辣子面，麻腐馍。

| 凤山风景区 |

到达：在天水市区北关天水汽车站乘班车（每 20 分钟一班）至秦安县城，步行或乘坐县城出租车均可。或在天水南站乘高铁至秦安站，再乘公交车或县城出租车亦可。

开放时间：全天。

门票价格：免费。

凤山全貌

国家 4A 级旅游景区。

在秦安县城东南隅。景区由凤山之上的泰山庙古建筑群、太平堡青莲念佛堂、凤山生态公园和凤山之下的凤山村春场行宫、上关明清古街五部分组成。

泰山庙古建筑群。始建年代不详，明代已形成建筑群落。明嘉靖《秦安志》卷二《地理志·上》载："迤西为庙山，其山自高峰趋赴县东（去县百步），悠然而集，翩翩若凤焉。有天齐庙，有天齐堡。"因为山上多庙，所以俗称"庙山"。又因山上建筑主体是东岳泰山庙，所以历来以"泰山庙"总称山上所有祠庙。祠庙依山就势，呈台阶式分布。第一台为财神殿；第二台为东岳天齐庙即泰山庙，有山门、抱厦、斋舍、福神殿、东岳大殿等建筑，

凤山蓬莱阁

古朴典雅，自成院落；第三台为蓬莱阁，高三层计 16.7 米，系乾隆十六年（1751 年）秦安知县蒋允焄所建；第四台为洞宾殿、山神庙和鲁班殿；第五台为五台观，是明代太玄殿旧址，中为无量殿，左有娘娘庙、华佗庙、药王洞，右前为仓颉庙（又称权文公祠），后有千手千眼佛洞；第六台为三圣殿和凤山碑林；第七台为三法宫；第八台为玉皇殿；第九台为伏羲殿。此建筑群现存古建筑 31 座——阁一、宫一、厅二、厦三、殿宇二十四，尚有众多古碑和名人匾额，是秦安历史文化荟萃之区。

太平堡青莲念佛堂。在泰山庙古建筑群后太平堡内，2003 年以来历年新建，有青莲念佛堂、天王殿、钟亭等建筑。

凤山生态公园。在太平堡后凤山之上，2012 年后历年建修，

凤山生态公园

亭台楼榭，水域景观，绿树成荫，花草遍地。

春场行宫。在凤山之下的甘肃省省级文化名村凤山村。凤山村是明清时期的泰山行宫和先农坛所在，为县内官民行香求雨和举行各种民俗活动的场所，一直有“鞭春礼”即打春牛习俗。所谓行宫，就是每逢先农坛庙会唱戏祈雨时，县城附近各方神像歇脚之所。凤山村保存有诸多完整的清代古民居，2009 年政府在此建有凤山小广场。

上关明清一条街。在凤山之下城南人民街，自古就是秦安的商业街，繁华热闹。东西向，长 454.8 米，宽 8.4 米。现有商铺 200 余间，基本保留旧式铺面的原貌，经营茶叶、服装、书画、

上关老街

电子产品、调料、小吃、杂货、传统工艺等，如今依然热闹繁华。1992 年以来，《筏子客》《麦积烟雨》《望子成龙》《陇上英烈——张一悟》等影视剧组都在此取景。2012 年，秦安县博物馆在古街建成牌匾报刊博物馆，收藏明清至民国牌匾 108 幅、清代以来报纸 12 万多份，为繁华的古街平添了人文氛围。

秦安文庙

到达：于天水市区北关天水汽车站乘班车（每 20 分钟一班）至秦安县城，步行或乘坐县城出租车均可；或于天水南站乘高铁至秦安站，再乘公交车或县城出租车亦可。

开放时间：全天。

Ⓢ 门票价格：免费。

全国重点文物保护单位。

在秦安县城新华街东学巷内。元大德年间创建，明清历经重修，大成殿梁上留有“嘉靖四十二年春正月吉秦安县知县石阡府戴鹏重修”等题记。现存大成殿 5 楹、东西庑各 7 楹、崇圣祠 3 楹、泮池 1 泓。院内有古柏 9 株，其中 1 株树围近 5 米，系明代所植，即秦安八景之一的“学宫古柏”。主体建筑大成殿，坐北朝南，单檐歇山顶，面阔 5 间计 14 米，进深 4 间计 10.3 米。雕梁画栋，高大壮观。

文庙大成殿

女娲祠

到达：在天水市区北关天水汽车站乘班车（每 20 分钟一班）至秦安汽车站，再转乘去陇城的班车（每 25 分钟一班）即可；或从天水南站乘高铁至秦安站，转乘公交车或县城出租车至秦安汽车站，再转乘去陇城的班车。

开放时间：全天。

门票价格：免费。

在秦安县城 70 公里的陇城镇。陇城自古即有“娲皇故里”之称，有和女娲故事相关的地名：娲皇村、凤尾村；有和女娲风

女娲祠大门

姓相关的地名：风谷、风台、风沟、风茔，更有女娲洞、女娲祠。这里还流传着女娲“生于风台，长于风谷，葬于风茔”之说。北魏郦道元《水经注·渭水》说：“略阳川水又西北流入瓦亭水。瓦亭水又西南出显亲峡，石宕水注之。水出北山，山上有女娲祠。庖羲之后有帝女娲焉，与神农为三皇矣。”略阳川水，即今清水河，自东向西流入瓦亭水；瓦亭水即今葫芦河。足见陇城女娲祠由来已久。明清时期女娲祠屡毁屡建，20 世纪 60 年代，旧建筑全部被毁。1989 年以来陇城民众集资在城南原址重建，现有娲皇宫、门坊、钟鼓楼等。每年正月十五是女娲祠庙会，祠庙内外，人潮涌动，香烟袅袅，十分热闹。另，秦安县宣传弘扬女娲文化，每年农历三月十五举办民间祭祀中华人文始祖女娲大典；公历 6 月 21 日举办公祭中华人文始祖女娲典礼暨文化旅游节，届时有祭祀乐舞表演和非物质文化遗产秦安小曲、蜡花舞、扇鼓舞等展演。陇城女娲文化积淀深厚，距著名的大地湾遗址 8 公里，又是三国古战场街亭之战遗址所在地，是寻根问祖、了解秦安历史文化值得一游的地方。

| 兴国寺 |

到达：在天水市区北关天水汽车站乘班车（每 20 分钟一班）至秦安县城，步行即达；或于天水南站乘高铁至秦安站，再转乘公交车或县城出租车。

开放时间：全天。

兴国寺般若殿

门票价格：免费。

全国重点文物保护单位。

兴国寺，又名兴谷寺，俗称“官寺”，在秦安县城北兴国文化广场旁。元至顺年间（1330—1333）初具规模，明清多次重修。现存大门、钟楼、天王殿和般若殿。般若殿坐东向西，面阔 3 间计 11.7 米，进深两间计 8 米，单檐歇山顶。其牌匾“般若”二字系明嘉靖二十五年（1546 年）著名学者胡缵宗所书，厚重典雅，大气磅礴。虽数次重修，而梁架结构、斗拱风格依旧保持元代建筑的特点，是甘肃省现存年代最早、保存完整的木结构古建筑，也是研究元代建筑不可多得的实物资料。

| 大地湾遗址 |

到达：从天水市区北关天水汽车站乘班车（每 20 分钟一班）至秦安汽车站，再转乘去陇城的班车（每 25 分钟一班），至五营站下车步行即达；或于天水南站乘高铁至秦安站，转乘公交车或县城出租车至秦安汽车站，再转乘去陇城的班车。

博物馆开放时间：10：00—16：00。

门票价格：免费。

1988 年被列为全国重点文物保护单位。2001 年被学术界评定为中国 20 世纪百项考古大发现之一。

大地湾遗址在秦安县五营乡邵店村东侧，坐落在葫芦河支流清水河南岸的二、三级台地及缓坡山地上，总面积 275 万平方米。于 1958 年甘肃省第一次文物大普查期间被发现。1978—1984 年，甘肃省博物馆文物工作队连续发掘，发掘总面积计 14752 平方米，共清理发掘房屋遗址 240 座、灶址 98 个、灰坑和窑穴 325 个、墓葬 71 座、窑址 35 座、沟渠 12 段，累计出土陶器 4147 件、石器（包括玉器）1931 件、骨角蚌器 2218 件、动物骨骼 1.7 万件。遗址文化内涵可分为五期：即前仰韶文化、仰韶文化（早、中、晚）、仰韶文化向齐家文化过渡

大地湾文物精品——鱼纹彩陶盆
仰韶文化早期　大地湾博物馆藏

的常山下层遗存。考古年代从距今7800年一直延续到距今4800年，上下跨越3000年。其一期文化距今约7800—7300年，是西北地区迄今为止考古发现年代最早的新石器文化遗址。大地湾遗址规模宏大，遗存丰富，文物精美，意义深远，为研究中华文明的起源提供了丰富珍贵的史料。正因为如此，大地湾文化遗址有“原始社会小太阳”之誉。亮点和看点：

1. 大地湾遗址在彰显独特文化内涵的同时，还创造了中国考古史上的六个第一——大地湾一期灰坑中采集的碳化黍是中国最早的旱作农业标本；大地湾一期文化遗址出土的200多件彩陶是中国最古老的彩陶；大地湾一期出土的陶器上的刻符和大地湾二期出土的陶器上的彩绘符号是中国迄今发现的最早的刻符和彩绘符号；大地湾四期文化遗址留存的巨型建筑基址是中国最早的宫殿式建筑基址;大地湾四期F901房屋基址地面是中国最早的“混凝土”地面；大地湾四期F411房址地画是中国最早的绘画。

2.F901房址大厅。在大地湾遗址山坡上。1986年建成，2015年重建。

3. 大地湾原始村落遗址。在大地湾遗址山麓，大地湾博物馆斜对面。依据研究成果，集中复原了大地湾各个时期的地穴式、半地穴式、平地起建式等典型居址，从中可窥见其建筑文化的发展轨迹。

4. 大地湾博物馆。在大地湾遗址山麓，是遗址类专题性博物馆。开放时间，夏季9：30—17：00，冬季10：00—16：30，

大地湾 F901 大型建筑基址

星期一闭馆。博物馆占地面积 44.89 亩，建筑面积 3155 平方米，其中展厅面积 1496 平方米。博物馆为半地穴式建筑，外墙以黄土泥皮装饰，古朴自然。馆藏文物 4200 件，其中一级文物 45 件、二级文物 20 件、三级文物 27 件。基本陈列以“文明序曲——大地湾遗址考古成果展”为主题，根据建筑结构及空间特点划分为发掘保护、岁月遗痕、陶风彩韵、天地伴眠四个单元。展出大地湾遗址考古发掘出土的最具代表性的文物 315 件，其中珍贵文物 70 件。系统展示大地湾遗址重要考古成果，以文化分期介绍大地湾不同时期的史前文化。

大地湾博物馆

对于大地湾遗址的文化内涵和意义，著名考古学家严文明先生有一段非常精彩的论述：“大地湾遗址的发掘，在20世纪80年代的中国新石器时代考古研究中是一件大事。其重要性主要表现在三个方面：一是在甘肃东部找到了一个从大地湾一期文化或老官台文化经仰韶文化早期、中期、晚期到常山下层文化的比较完整的相对年代系列，为陇东及其周围地区新石器时代文化的发展建立了一个可靠的标尺；二是由于大地湾遗址所处的位置适当中原——关中地区和甘肃地区的交界，对研究两个地区之间的文化关系具有特殊重要的意义，这从大地湾各期文化的具体内容中可以比较充分地反映出来；

三是大地湾各期文化的聚落演变是从小到大，从简单到复杂，从内部平等的凝聚式到有中心和等级分化的高级聚落，发展线索非常清楚，为中国文明起源的研究提供了一个可贵的实例。……仅此三项就足以说明大地湾遗址的发掘在中国新石器时代考古研究中的重要意义。”

| 可泉寺 |

到达：从天水市区北关天水汽车站乘班车（每 20 分钟一班）至秦安县城，转乘 1 路公交车于郑川站下车步行即达；或于天水南站乘高铁至秦安站，再转乘公交车或县城出租车。

开放时间：全天。

门票价格：免费。

在秦安县城东 1.5 公里邢泉村南山脚下。因有泉名可泉而得名。景点由三个单元组成——可泉寺、娲乡神母宫、胡缵宗纪念馆。

可泉寺最为古老，寺院曾出土南北朝时期的石佛塔造像。原有建筑已毁，20 世纪 90 年代以来兴建大殿、配殿等，自成院落。

娲乡圣母宫。在可泉寺南侧，系九龙山三圣母的行宫。九龙山圣母庙始建于元大德年间，历代官员每遇久旱不雨之时，便长途跋涉，前去取湫求雨，是县内重要的农耕民俗活动。清代，由于路途遥远，为求雨方便，官方在邢家村建立圣母行宫。1957 年圣母宫建筑大部分被毁，1980 年以来恢复重建。现有圣母宫、圣母后宫等，殿内塑像庄严，文人墨客匾额楹联数以百计。每年农历二月十二、七月十二是圣母宫庙会，唱戏娱神，世代相传，相沿成习，成为秦安最为盛大的民俗活动。

胡缵宗纪念馆。在娲乡神母宫西侧。邢泉村是明代著名学者胡缵宗的出生地，胡幼年曾在可泉寺读书，自号“可泉”，致仕还家之后在此挥翰唱酬，著书立说，有《可泉》《可泉歌》等名诗。其《可泉》诗云：“九龙山半出吾泉，泻金鸣玉到陇川。茅屋数椽荫梧竹，沙溪一曲抱桑田。秋芹郁郁擎朝露，春韭离离驻夕烟。引鹿时寻发源处，三台七斗自渊玄。”20 世纪 90 年代以来，民众集资建成纪念馆纪念胡缵宗，馆内陈列胡缵宗著作、书法、书稿、匾额楹联、图像遗物等。

娲乡圣母宫

一望便知清水县

清水县，在天水市东北部，县城距天水市城区 60 公里。面积 2012 平方公里。2016 年，常住人口 27.41 万人。县辖 6 镇 12 乡。

【旅游关键词】赵充国陵园，花石崖；清水县博物馆；轩辕故里；温泉；扁食，核桃。

丨赵充国陵园丨

到达：从天水市区北关天水汽车站或麦积区天水火车站乘班车至清水县城，步行或乘县城公交车、出租车即达。

开放时间：8：30—17：30。

门票价格：20 元 / 人。

在清水县城西牛头河北岸台地上。相传为西汉名将后将军赵充国之墓，始建时间不详。民国《清水县志》卷一《舆地志》“陵墓”说：“旧志载，赵壮侯墓，在邑北二里白上崖，即上邽城遗址附近。按：赵宋时奉朝旨大加整修，恢扩墓址，封植墓道，设享殿，置祭田。并于西郊修壮侯祠堂及宅舍以处赵氏后裔，主其奉祀。竖碑为‘汉后将军赵充国故里’。”墓区占地 9000 平方米，现存封土冢，高 3.8 米、底径 10 米；前有碑厅两座，立清嘉庆十三年（1808 年）“汉后将军营平侯公讳赵充国之墓”和清道光十五年（1835 年）“汉故将军营平侯之墓”石碑。墓区之西设碑廊，集萃县境碑刻 26 通。墓区之东有搬迁复原之宋金高浮砖雕彩绘墓 4 座，组成宋金墓葬群博物馆。陵区东南立陇上名碑鲁公姬造像碑。陵园风景秀丽，历史底蕴深厚，是纪念名将赵充国的陵园，也是清水文物精品的博览园。陵园之下就是轩辕大道和牛头河十里风情线。在清水旅游，赵充国陵园无疑是首选。亮点和看点：

1. 鲁公姬造像碑。清道光初年出土于赵充国陵园所在的李家坪石佛坪。北周武帝天和二年（567 年）刻石。拱形顶，四棱柱形，高 200 厘米，宽 85 厘米，厚 56 厘米。碑面雕佛造像 3 尊，碑阴刻发愿文。雕刻简洁大气，书法方圆兼备，挺拔俊秀，出土以来即备受金石学家推崇，《陇右金石录》等著作中都有著录。2006 年被列为全国重点文物保护单位。其发愿文云：

赵充国陵园牌坊

鲁公姬造像碑碑面

天和二年六月十□□□□□□左员外侍郎，南阳、枹罕二郡太守郡功曹、郡平望清水句法袭为亡妻鲁公姬造释迦、定光并等身像二躯。息刺史、蔡国公士曹从事、功曹长晖，次息长荣，侄仕遵，僧允、僧进、显昌，孙怀□杨氏，妹凤姜垣氏，女永妃毕氏，女姟女、女保妃。

2. 赵充国籍贯与功业。赵充国（前137年—前52年），西汉名将。《汉书》卷六十九《赵充国传》：“赵充国，字翁孙，陇西上邽人也。”西汉的上邽是改秦朝的邽县设置，治地在今天水市秦州区城区。墓建在清水应该和旧方志误认为西汉上邽治地在清水有关。稍微辨析一下，清水县本来是汉县，属汉武帝时新设的天水郡，上邽属原陇西郡，西汉时二者并存，不可能是一地。当然，赵充国屯田守边，功业千秋，值得纪念，哪里设祠纪念都没有问题。赵充国有将帅宏略，精通少数民族事务，汉宣帝时，已是77岁高龄的他奋勇自荐，处理青海一带“羌乱”，反复呈明“寓兵于农，耕战两利”的策略，这些奏折中最有名的是《不出兵留田便宜十二事》，中肯地提出屯田十二个方面的好处和出兵围剿十二个方面的不利情况。由于他的一再坚持，这一策略终被宣帝采纳，保持了西北边疆的稳定，同时对发展农业也起到了积极的作用。20世纪50年代末，有一次毛泽东主席在和历史学家周谷城谈论历史时特别提及赵充国坚持屯田的事情。他评论说：“赵充国主张在西北边疆屯田，这个人很能坚持真理，坚持正确主张。他的主张在开始时，赞成的人不过十分之一二，反对的人达十分之八九；到后来，他的主张被人接受了，赞成的人达十分之八九，反对的却只有十分之一二。真理要人接受，总要有个过程。无论过去和现在都是如此。”

3. 和赵充国有关的成语。赵充国擅长军事，也擅长思辨，我们常用的“百闻不如一见”“失之毫厘，谬以千里”都出自《汉书》卷六十九《赵充国传》所记赵充国的言辞。

4. 三老赵宽碑。东汉名碑，民国三十一年（1942年）于青海省乐都县老鸦城西之白崖子出土，碑主赵宽乃赵充国之孙。

5. 清水宋金彩绘墓。20世纪70年代以来清水县境内发现宋金时期的高浮砖雕彩绘墓葬30余处，内容丰富，生活气息浓郁，艺术价值高。赵充国陵园整体搬迁复原者系上邽苏凸墓、白沙乡

宋代彩绘墓内壁

箭峡墓、贾川乡董湾墓和红堡乡贾湾墓。墓中的彩绘既有反映平民日常劳作的推磨、舂谷、采桑、牧畜、渔猎等画面，也有反映王公贵族出行、宴饮、乐舞、博弈、杂技等场景，都是上好的社会史资料。

清水县牛头河十里风情线

到达：从天水市区北关天水汽车站或麦积区天水火车站乘班车至清水县城即可。

开放时间：全天。

门票价格：免费。

在清水县城牛头河畔。2015 年建成，有轩辕景观桥、轩辕广场、轩辕湖、祭祖广场、轩辕宫、充国广场等人文景观，还有沿河花木绿化自然景观，是集绿化、亮化、水景观和文化元素建筑群为一体的旅游景观带。另，轩辕故里广场东北 200 米处河对面北山上有红崖观，过红崖观大桥有登山台阶以便登临。红崖观前瞰牛头河、清水县城，右依樊河，始建于明弘治年间。1990

牛头河十里风情线之轩辕湖

年后恢复重建文昌宫、仓颉宫、三清殿等。游牛头河十里风情线，可顺便一游。

| 花石崖 |

到达：从天水市区北关天水汽车站或麦积区天水火车站乘班车至清水县城，再转乘发往陇东镇的班车。另，由麦积区元龙镇花石崖村徒步进沟也可达。

开放时间：全天。

门票价格：免费。

在清水县东南部28公里处的陇东乡土寨子村。南临渭河，距麦积区元龙镇花石崖村5公里，陇海铁路、310国道从崖下不

花石崖坊门

远处经过。因峭壁山石花纹五颜六色，故称花石崖；又因林茂草密，花木竞秀，万紫千红，又称万紫山，是道教名山。相传始建于唐代以前，现存殿宇由磨针殿、大殿院、玉皇殿、雷音崖四大部分组成，多是明清建筑。有东崖、月亮崖、雷音崖、三仙台、补天石、黄木狼洞、万清泉、凤凰巢等景观。花石崖全部景观如着色立体山水画，铺陈在断崖斜坡上，山石荦确，行路如梯，宫观悬壁，峻峭壮美。每年农历二月十五至二月十七有庙会。

| 小华山 |

到达：从天水市区北关天水汽车或麦积区天水火车站乘班车至红堡镇汽车站，步行即可达。

开放时间：全天。

门票价格：免费。

在距清水县城 7 公里的红堡镇吴湾村，省道 305 线穿山而过。此山苍岩绿林，悬崖突兀，峭壁千仞，景险境幽，小有华山之险，故称小华山。相传宋代即建有纪念隐士襄阳人庞蕴的庞公庵。明清历经重建，留有重修碑碣 5 通。现存或新建殿宇有玉皇阁、三教宫、护法殿、韦陀殿、菩萨殿、地藏殿、三官殿、灵官殿、无量祖师殿、庞公庵、庞公仙洞、戏楼、山门等。每逢农历三月三庙会，四方香客络绎不绝。山下产庞公奇石。2000 年后，依山建起小华山旅游度假村，建有宾馆、生态餐饮园、垂钓水面和人工湖等，提供吃农家饭、住农家屋、食土特产等特色旅游服务。

小华山秋色

| 石洞山 |

到达：从天水市区北关天水汽车站或麦积区天水火车站乘班车至清水县城，转乘去山门镇的班车可达。

开放时间：全天。

门票价格：免费。

在清水县城以东30公里处的山门镇西南部。因洞有悬石而称石洞山。“古洞悬石”明清以来位列清水八景之一。石洞山分上下两寺，佛道并存。主要庙宇有青岩寺、雷神殿、财神殿、玉皇殿等。山下西南崖角有石洞，高宽各约3米，宽窄不一，曲折幽深。洞口当顶高悬的一方倒梯棱形巨石，动而不移，危而不坠，奇特玄妙。石洞山所在溪水清流，林海茫茫，岚霭变幻，空濛幻美。

石洞山

丨三皇谷省级森林公园丨

到达：从天水市区北关天水汽车站或麦积区天水火车站乘班车至清水县城，转乘去山门镇的班车可达。

开放时间：全天。

门票价格：免费。

在清水县东 38 公里的山门镇东南。南靠渭河，北与陕西省陇县相邻。公园由轩辕谷、芦子滩、龙潭沟、金柳滩、白桦湾和

三皇谷新建之轩辕宫

石洞山6大景区组成，总面积36.65平方公里。轩辕谷本名三皇沟，在山门镇白河村。传说轩辕黄帝诞生于此，曾建有三皇庙，后来由于交通不便移建县城。谷内现有千年古树15棵，2013年新建轩辕宫。芦子滩在山门镇南部芦子滩林区，是牛头河的发源地，为草地森林风光，主要景点有古镇遗址、鹿鸣山、火焰山、观音峰晚照、狩猎场等。景区森林覆盖率达71.6%，溪流纵横，空气清新，野生动物资源丰富，是尽享大自然纯净和谐之美的理想之地。其宣传语是“百里林海，天然氧吧，森林浴场”。

一望便知张家川

张家川回族自治县，在天水市东北部（和市区间隔清水县），县城距天水市城区 95 公里。总面积 1311.8 平方公里。2016 年，常住人口 29.32 万人，回族人口 23.4 万人。县辖 10 镇 5 乡。

【旅游关键词】云凤山，马家塬遗址；张家川县博物馆；清真食品，锅盔，碎面。

| 马家塬遗址 |

到达：从天水市区南湖汽车站或麦积区天水火车站乘班车至张家川县城，转乘过路班车于桃园村下车可达。

开放时间：发掘仍在继续，可全天参观。

门票价格：免费。

全国重点文物保护单位。

在张家川木河乡桃园村马家塬，距县城 17 公里。墓地面积约 3 万平方米，探明墓葬 62 座。2006 年甘肃省考古研究所和张家川回族自治县博物馆开始考古发掘，次年被评为 2006 年度全国十大考古新发现之一。至 2016 年，共发掘大、中、小型墓葬 35 座，出土青铜器、玻璃器皿、车饰件等 15000 余件。典型器物有青铜茧形壶、鎏金铜壶、连珠纹釉陶杯、错金银铁饰件、金箔质虎、银箔质大角羊、青铜大角羊等。墓葬整体年代为战国晚

马家塬墓地车马坑

期至战国末期、秦初，出土文物多呈现异域风格，与同期秦文化遗存大相径庭，对研究秦之边疆治理和民族政策都有重要意义。

张家川回族自治县博物馆有“马家塬出土文物陈列”，展出部分出土文物。

甘肃省考古研究所复原之戎人马车

考古学上所见秦与西戎的关系

西北大学文化遗产学院梁云教授对马家塬的精美文物及文化属性有很好的概括："马家塬墓地另一值得称奇之处是随葬品奢华，且包含复杂的文化因素。金银被广泛应用在车饰、马具、人体服饰、生活器具、武器工具上。如M16的墓主'头部周围撒有金花，头顶有圆形金饰件，戴金耳环，佩金银半环形项饰，右臂有金臂钏，腰部有饰金带饰的腰带3条和金带钩，足底有银质鞋底一双……另外，在左臂外侧放置银马等'。不仅高等级墓，M5、M7那种随葬一辆车的小墓，车子上都装饰狼、鸟、大角鹿及几何形的金银花饰，充分说明了部族整体上的富有。与同时期中小型秦墓的贫寒简陋形成了鲜明对照。随葬品中除了上述秦及中原因素，还有以铲足鬲为代表的本地西戎因素，钮柄镜、璜形项饰、竿头饰、虎噬羊

马家塬远眺（有彩钢房处为马家塬遗址所在）

及各种镂空动物纹等欧亚草原东部因素，银器、锡器、后肢翻转或‘格里芬’动物纹、戴尖顶帽的胡人俑等欧亚草原中西部因素，以及将肉红石髓和玻璃用于镶嵌、炸珠和掐丝等来自古代埃及、地中海及西亚的工艺，给人以琳琅满目的感觉，似乎异域之珍，远方之宝都汇聚到了一起。”

（《西部考古》2016 年第 2 期）

| 关山云风风景名胜区 |

到达：从天水市区南湖汽车站或麦积区天水火车站乘班车至张家川县城，转乘去陕西陇县的班车可达。

开放时间：全天。

门票价格：免费。

在张家川回族自治县马鹿林场辖区。北以田家磨为界，东南至陕甘交界，西至张家川与清水交界，占地面积 57.68 平方公里。风景区内森林草地、峡谷溪流相互辉映，山峦叠翠，水碧林郁，动植物资源丰富。或以“清、幽、秀、雅、雄、奇、峻、险”描绘其独特美景。景区共有景点 20 处，其中自然景点 15 处，人文景点 5 处。摘要介绍如下：

寺湾。在马鹿林场辖区。以低山峡谷、天然森林、草场和溪流为特色，以宗教和民俗文化为内涵。植被完整，生态环境状况良好。

太极八卦图摩崖

佛爷崖太极八卦图。在关山脚下的仙女洗脚池旁的八卦崖上。有山崖巨石悬空如屋檐，高约20米，石檐刻有约10平方米的巨形太极八卦祥云图，生动神秘，色彩如新。

秦家塬风景区。在张家川恭门镇河峪林场腹地，东接陕西固关，北连平安白石咀牧场，南邻马鹿关山草原，属关山中段，为关山林场草甸乔木交接地带。地处古丝绸之路和关陇古道要冲，传为秦人牧马之地，于是有秦家塬称谓。山岭、野花、溪水、古树，如诗如画，风光静美。

平安草原风景区。在距县城东17公里的平安乡，紧靠关山林区，有天然草场18万亩，草场广阔，空气清新，自然风光优美，是集牧马、赛马、狩猎、滑草、野营等为一体的综合性旅游景区。

看点与亮点：

1. 进关山主要是看自然景观，这里的草原不像呼伦贝尔大草原那样广阔，准确地说是高山草甸，但山川溪流相间，植被良好，原始生态，自有其独特魅力。尤其是炎炎夏天，来到这里即能享有一片清凉。关山草原为张家川回族自治县和陕西陇县共有，而映入眼帘的美景为我们所独有。

2.此关山就是古典文学作品中经常提及的关山，因在历史上有过陇关、大震关等关隘而得名。南北走向，是关中平原和陇西高原的地理分界线，也是丝绸之路长安通西域的重要通道，玄奘法师西行取经、诗圣杜甫流寓秦州走的都是关山道。由于交通不便，古人将越关山即陇山西上视为畏途，说得很可怕。如唐李吉甫《元和郡县志》言："陇坂九回，不知高几里，每山东人西役，升此瞻望，莫不悲思。陇上有水，东西分流，因号驿为分水驿，行人歌曰：'陇头流水，鸣声幽咽，遥望秦川，肝肠断绝。'"从汉乐府开始就有"陇头流水""关山月"这样长久不衰的文学意象，以伤离别、以咏行役。尽管好多人都不知道关山在何处，也没有到过关山，但这并不影响他们借助关山意象抒发感怀。关山，也是文学的关山。

唐乾元二年（759年）诗圣杜甫弃官度陇，流寓秦州，其《秦州杂诗二十首》之第一首其实就是途经关山的记行诗。诗云："满目悲生事，因人作远游。迟回度陇怯，浩荡及关愁。水落鱼龙夜，山空鸟鼠秋。西征问烽火，心折此淹留。"诗中的"陇"即陇山，"关"即大震关。

关山草原马群

河山谷摩崖石刻

到达：在天水市区南湖汽车站或麦积区天水火车站乘班车至张家川县城，转乘去恭门镇的班车可达。

开放时间：全天。

门票价格：免费。

全国重点文物保护单位。

在恭门镇河峪村马涧村樊河上游北岸台地，距张家川县城25公里。东汉桓帝和平元年（150年）刻石。刻文崖面高130厘米，残宽102厘米，距地面65厘米。碑额有一独体的隶体“汉”字，刻文崖面中下部脱落。正文共15行，每行约20字，可识别者110余字。是为甘肃省境内刊刻最早的一处摩崖碑，比著名的“汉三颂”之一的《西狭颂》还要早21年。就现存内容看，是汉阳太守刘福的记功碑。恭门镇为陇山交通古镇之一，摩崖刻记于此，应该和刘福整治陇山交通有关。石刻本无题名，著录者、研究者或名“摩崖碑”，或名《故汉阳太守刘福功德颂》，或仿照《西狭颂》定名《河峪颂》。《河峪颂》简单明了，又点出了摩崖所在，可从之。为保护起见，

摩崖汉碑拓片

摩崖盖有石屋，钢筋栅栏门上锁，可以隔着栅栏空隙远观，不能就地摩挲。当然研究者还是可以考察周围山川地貌，观汉碑之所在而发思古之幽情的。另，张家川回族自治县博物馆有此碑之复制品，可尽情观摩拍照。《河峪颂》方正率性，雄劲古朴，平时难得一见，是学习汉碑书法的佳品，临摹者可以一试。

一望便知甘谷县

甘谷县，在天水市西北部，县城距天水市城区 58 公里。总面积 1572.6 平方公里。2016 年，常住人口 56.91 万人。县辖 13 镇 2 乡。

【旅游关键词】大像山，华盖寺；甘谷县博物馆；姜维；辣椒；麻鞋；酥圈圈，素面。

| 大像山石窟 |

到达：从天水市区南湖汽车站乘班车至甘谷县城，再乘公交车或出租车即达，步行也不太远。

开放时间：全天。

门票价格：免费。

全国重点文物保护单位。国家 4A 级旅游景区。

在甘谷县城西南 2.5 公里的文旗山上，因山上有高大的佛造像，又名大像山。石窟开凿约始于北朝时期，主体建筑大佛窟开凿于盛唐时代。大像山祠宇历经重修，现为佛教和道教共同圣境。

自山脚拾阶而上，楼阁殿宇各抱地势，密布山脊，计有土地庙、梅葛殿、太昊宫、观音殿、千佛洞、接引佛殿、文昌宫、鲁班殿、关圣殿、永明寺、双明洞、大佛殿、天爷殿、三圣殿等。其建筑布局以无量殿为界，其下主要有木结构建筑物 15 处；其上以大像窟为中心，有洞窟 23 处。这些建筑或组合成庭院模式，或凿崖而成悬空角楼，各具特色，多姿多彩。此外还有汉隗嚣歇凉台、阅兵台等遗址，有北魏佛造像及清代“羲皇故里”碑、“圣门石子故里”碑、“重修汉平襄侯祠记”碑等文物。

大佛窟即大佛殿，在山崖之巅，为一座长方圆拱形大窟。大佛结跏趺坐于云形台座上，神态自然，肃穆慈祥。高 23.3 米，肩宽 9.5 米，头高 5.8 米，膝长 6 米，在全国石胎泥塑的大佛中

大像山牌坊

大像山祠庙

高度居第 7 位。亮点和看点：

1. 大像山既是甘谷历史的见证，也是甘谷文化的象征。在甘谷县城，或途经甘谷川时，抬头朝大像山方向望去，总可以看到大佛窟正襟危坐、庄严雄伟的那尊稀世大佛。可以想见，当年往来于丝绸之路长途跋涉的客商、使节每当看到大佛在望，心里该是何等的激动和踏实。

2. 北周陇右大都督李允信为王父造七佛龛，文学家庾信作《秦州天水郡麦积崖佛龛铭并序》，其中有言："异岭共云，同峰别雨。冀城余俗，河西旧风。"所谓"冀城余俗"无疑指的就是甘谷大像山石窟，而"河西旧风"当指敦煌莫高窟。可见北周时期大像山石窟在陇右诸石窟中和敦煌臭高窟、秦州麦积山鼎足而立。

3. 宋元以降，诸如《大明一统志》《大清一统志》等"一统志"，《甘肃通志》《巩昌府志》《伏羌县志》等地方志对大像山都有记载。"悬

大像山大像窟大佛

崖大像”为伏羌八景之一（伏羌为甘谷县旧名）。如天启《伏羌县志》卷二《地理志》之“山川”说：“大像山，在西南三里，巅上有佛，就崖刻像，高百尺，宋嘉祐四年凿。”再如周铣修、叶芝所纂乾隆《伏羌县志》卷二《地理志》附伏羌八景说：“悬崖大像，宋嘉祐三年凿。石佛像高百二十尺，覆以重楼七层。仰接云汉，俯瞰山河，一奇观也。”诸如此类的记载，足以令人心驰神往。按：旧志所言“宋嘉祐四年”或“宋嘉祐三年”应为重建时间。

4. 每年农历四月八的浴佛节，大像山都有庙会。届时有书画交流、非物质文化遗产展示、名优土特产展销等活动。各种特色小吃纷纷亮相。农历四月八也是大像山丁香等花卉盛开的时候。要朝大像山，当选四月八。

5. 大像山文化公园。在大像山山麓，集中展示甘谷优秀的历史文化，建有尚文苑、尚武苑、仿古商业街等。

6. 白皮松。悬挂在大像山东崖峭壁石缝，老者一围，小者腕粗，皮白叶翠，灿然如画。

大像山的“像”应该是“像”还是“象”？

开宗明义地说，大像山是因为山上有唐代所造超大佛像而得名，不能写成“大象山”这般模样。找历史依据，《宋史·地理志》及北宋乐史的《太平寰宇记》都作“大像”；几部《伏羌县志》至而《大明一统志》《大清一统志》也都写作“大像”。说“现在”依据，为解

大像山白皮松

决一些地名写法混乱，天水市政府还专门开过一个常务会，我受邀列席，躬逢其盛。最后发文规定，“大像山”才是规范写法。而时至今日，还有人要写成“大象山”，还讲些这样那样的理由，显然是想多了。

| 华盖寺石窟 |

到达：从天水市区南湖汽车站乘班车至甘谷县城，再乘公交车或由县城去磐安镇的班车至华盖寺下车即可。

开放时间：全天。

门票价格：免费。

在甘谷县城西 10 公里的渭河南岸二十铺村东。元代开凿。山势奇特，柱状奇峰突起，如高擎华盖，由此得名。崖面洞窟以“之”

字形参差错落排列。现存塑像洞窟总计27个。道教洞窟有10个：丘祖洞、三星洞、灵官洞、玉皇洞、药王洞、二老君洞、太上老君洞、无量殿、斗姆洞、太乙真人洞；佛教洞窟有4个：灵湫洞、地藏洞、禅窟、释迦洞；儒家题材洞窟1个：孔子洞；还有祖先崇拜题材洞窟2个：鲁班洞和伏羲洞。共有塑像60身，其中道教造像46身。看点和亮点：

分布在峭壁上的华盖寺石窟

华盖寺石窟第14号伏羲洞有伏羲塑像，第23号窟有唐玄奘师徒《取经图》《取经归来图》，寺内还有明代杨继盛题诗，都是重要的文化遗存。伏羲洞之伏羲塑像和元代名画家李康的《伏羲像》（藏于北京故宫博物院）相仿，从中可见元人心目中的伏羲形象。唐僧师徒《取经图》《取经归来图》从相貌特征和手持器物上很容易辨识人物各自身份，据学者研究，其绘制时间可能在

《西游记》成书之前，对探讨《西游记》故事流变大有裨益。关于明代铮臣杨继盛之题诗——“望驰三塞外，身在半天中。回首长安近，如何云雾朦？”遍查四库本《杨忠愍集》，不见收录。但巩建丰所撰乾隆《伏羌县志》卷十一《艺文志》有载，且杨继盛因弹劾大将军仇鸾被贬为狄道典史，赴任必经甘谷，必从华盖寺下过，应该由来有自。

| 姜维祠 |

到达：从天水市区南湖汽车站乘班车至甘谷县城，转乘县城去六峰镇的班车即可达。

开放时间：全天。

门票价格：免费。

姜维祠门坊

姜维（202—264）字伯约，三国时期天水郡冀县（今甘谷县）人。蜀汉名将，官至大将军，曾九次北伐，名扬天下。因郡望是天水郡，史书上多称“天水姜维”，是史有明载的甘谷人。今甘谷县东之六峰镇姜家庄世传是姜维故里，南山靴子坪有姜维衣冠冢，1988 年重修。姜家庄旧有祭祀姜维的祠庙，早毁。1999 年村民在村头南山脚下新建姜维祠，占地 6 亩，有馆前广场、大门、前庭、牌坊式二门、大殿等建筑及相关碑刻多通，时有游人前来凭吊忠魂。

据乾隆《伏羌县志》载，甘谷还有一处姜维墓：“姜伯约墓，在西南五十里魏儿沟。”另外，县城还设有汉平襄侯姜公祠。

| 蔡家寺 |

到达：从天水市区南湖汽车站乘班车至甘谷县城，转乘公交车至姚庄，再乘往蔡家寺方向的班车即达。

开放时间：全天。

门票价格：免费。

在甘谷县城东北 10 公里新兴镇蔡家寺村。村寺同名。元顺帝至正年间（1341—1367）创建。寺院北依大山，南瞰渭水，庙貌巍峨，古柏苍翠。主体建筑多是清代所建，有大牌坊、财神楼、三国殿、菩萨殿、文昌阁、大雄宝殿、祖师殿、伽蓝殿、讲经堂等。寺内珍藏明天启七年（1627 年）《金刚经》等佛教经典木刻版 220 片，弥足珍贵。

蔡家寺寺院

丨尖山寺森林公园丨

到达：从天水市区南湖汽车站乘班车至甘谷县城，转乘往武家河乡的班车可达。

开放时间：全天。

门票价格：免费。

甘肃省省级森林公园。在甘谷县西南武家河乡，距县城 25 公里。森林区域在海拔 2000 米—2250 米之间，面积约 5000 亩。有油松、落叶松、华山松、白桦、山杨、漆树、椴树、山杏、山李、榛子、山核桃、刺五加、枸杞、沙棘、山樱桃等乔木、灌木及草本植物 100 多种，并有梅花鹿、锦鸡等 10 多种国家保护野生动物。景点有白石岩、卧龙坪、伏虎洞、落钟湾、梅花洞、唐王墓、太

尖山寺

白泉、石猴梁等。林区的尖山寺，始建于魏晋时期，现存建筑多为明清时期重建。古建筑有大雄宝殿、三霄殿、无量殿、灵官殿、三官殿、药王殿等。尖山寺森林公园自然景观与人文景观相映衬，尤以山林秀美而著称。

| 古坡草原 |

到达：在天水市区南湖汽车站乘班车至甘谷县城，转乘班车至古坡镇，再乘古坡镇的旅游专车可达。另，在秦州区从关子镇沿藉河进沟亦可达。

开放时间：全天。

门票价格：免费。

古坡草原

在秦州区关子镇和甘谷古坡镇之间，距甘谷县城28公里。为高山草原，山峦起伏，平缓处生草，险峻处长树，灌木、杂草共生，有天然草场数万亩。站在草原山梁，周遭山水在望，满目绿色，天地悠悠，大有飘飘欲仙之感。草场之外，有石鼓山、黑潭寺、石门峰、龙台峰、花园崖、老虚崖等景点。其中石鼓山是《禹贡》中名山朱圉山的最高峰，也是北魏郦道元《水经注》所言“山在梧中聚，有石鼓，不击自鸣”的神秘“石鼓”。山由白色岩石天然垒成，远望或呈鼓形，或呈卧牛形，山白草绿，很是显眼。意欲远离城市喧嚣，不妨来古坡草原转一转。

| 文庙 |

到达：从天水市区南湖汽车站乘班车至甘谷县城，步行即可达。

开放时间：全天。

门票价格：免费。

在县城南街。元世祖至元二十六年（1289 年）建成。时伏羌县教谕文季撰《创修文庙记》记其事，言“塑像、井亭各有序位，庭植松桧，荣茂蓊郁”。可见昔日文庙的规模。主体建筑大成殿现存，重檐歇山顶，面阔 5 间计 22 米，进深 4 间计 18 米，巍峨壮观。另，庙前残存古柏 4 株，形如盆景，古雅可爱。

| 毛家坪遗址 |

到达：从天水市区南湖汽车站乘班车至甘谷县城，换乘县城去磐安镇的班车至磐安镇，步行或乘出租车即达。

开放时间：全天。

门票价格：免费。

全国重点文物保护单位。

在甘谷县城西25公里处磐安镇毛家坪村的南山台地上。东西宽约600米，南北长约1000米，面积约60万平方米。以自然冲沟为界，分成沟东、沟西两部分。沟西的北部为居址区，多被毛家坪村叠压，南部为墓葬区；沟东主要为墓葬区。20世纪80年代初第一次发掘，出土各类文物1200余件，其中有铁镰1把。A组遗存被认为是西周至春秋时期秦人文化遗存。

2012—2014年早期秦文化联合考古队对遗址进行第二次发掘，累计揭露面积4000平方米。共清理西周晚期至春秋战国时期的大小墓葬199座、灰坑752个。出土陶器、石器、玉器、青铜器、骨器等各类文物1000余件，其中鼎、簋、方壶、甗、盂、敦、盘、匜等青铜器51件，短剑、戈、矛等青铜兵器11件。发掘车马坑5座，发掘大型墓葬2座，其中一座为高级别贵族墓葬。

毛家坪遗址遗存丰富，为研究甘肃东部早期秦文化提供了诸多有益证据，也为进一步探讨嬴秦西迁的时间、路线提供了实物资料，考古界誉其为“早期秦文化十年探索中的一颗璀璨明珠”。

看点和亮点：

k201 三号车遗存

M1045 出土铜短剑

1.K201 车马坑。长 10 米，宽 3 米。葬战车 3 辆，1 号车、3 号车驾 4 马，2 号车驾 2 马。以居中的 2 号车最为精美，其车舆蒙以牛皮，牛皮髹棕黑漆，再以红彩勾勒出虎、豹、马、兔等动物图案；车舆前为两匹呈俯卧姿态的战马，马身着皮质髹漆甲胄，饰红漆黑彩勾连蟠虺纹，极尽奢华，流光溢彩。

2.M2059 贵族大墓。竖穴土坑墓，长 5 米，宽 3 米，深 10 米。殉葬 6 人，男 1 女 5。出土 5 鼎、4 簋、1 方甗、1 敦、2 方壶、1 盘、1 匜，共 15 件铜器。墓主当为大夫级别。两重棺，外棺盖板上发现短剑、铜戈。内棺为髹漆的皮质棺，墓主仰身直肢葬，身旁随葬铜戈一柄，有铭文“秦公作子车用……”。可证墓主出自子车氏。子车氏为嬴秦宗族，春秋五霸之一的秦穆公下葬，殉葬者就有宗室近臣子车氏三兄弟。国人伤感，《诗经 · 国风 · 秦风 · 黄鸟》专为此事而作：“交交黄鸟，止于棘。谁从穆公？子车奄息。”《左传 · 文公六年》说：“秦伯任好卒，以子车氏之三子奄息、仲行、针虎为殉，皆秦之良也。国人哀之，为之赋《黄鸟》。”子车戈惊天现世，说明《黄鸟》乃实录。据毛家坪考古领队梁云教授研究，墓主人很可能是秦穆公派驻当地的子车氏族长。

一望便知武山县

武山县，在天水市西北部（和市区间隔甘谷县），县城距天水市城区 109 公里。总面积 2011 平方公里。2016 年，常住人口 43.87 万人。县辖 13 镇 2 乡。

【旅游关键词】水帘洞，木梯寺，卧牛山；武山县博物馆；温泉；蔬菜之乡；旋鼓；鸳鸯玉；臊子面，油圈圈。

| 水帘洞石窟 |

到达：从天水市区南湖汽车站乘去武山班车（30 分钟一班），至洛门汽车站下车，转乘去水帘洞景区的车即可。

开放时间：8：00—18：00。

门票价格：30 元 / 人，观光车往返票价 10 元 / 人。

全国重点文物保护单位。国家 4A 级旅游景区。

在武山县东北 25 公里处的榆盘乡钟楼村响河沟。换言之，武山县城东 10 公里就是陇上著名的古镇洛门镇，自洛门镇北渡渭河沿响河沟行进，山谷幽深，溪水潺潺，称大佛峡的地方即见水帘洞石窟。始建于东晋十六国后秦时期，现存拉梢寺、水帘洞、千佛洞、显圣池四处洞窟，总称水帘洞石窟。计有窟龛 69

个、造像160余身、浮雕42幅、壁画2440平方米、舍利塔12座，碑刻题记27方。

水帘洞。在大佛峡南，洞所在的山体形似莲花，洞窟隐藏在山腰清幽处，酷似花蕊，每当雨季，水自山巅向崖檐流泻，状若水帘，故名。洞内有菩萨殿、菩萨楼、老君阁、圣母殿、三霄殿、

水帘洞祠庙

药王殿等建筑，属明清和近代建筑，而岩壁北魏、北周等朝壁画残存，古趣盎然。

麻线娘娘的传说

从前，甘谷县的李家沟村有个女子，一生下来就喜欢捻麻线，长大以后经常捻麻线换钱，补贴生计，人们就叫她麻线女。麻线女长大成人，出脱得像仙女一样，惹人喜爱，远近闻名。

一天，有人寻上门来提亲，当妈的看男方家道殷实，没征得女儿的同意，就把婚事订了下来。眼看婚期快要到了，麻线女还是一个劲地捻麻线。成亲那天，眼看花轿来到她家门前，麻线女把她所捻的麻线全都抱着，一头拴在自家的门关子上，边绽边向水帘洞奔去。妈妈听说新娘子跑了，急忙拿着火棍儿去追；嫂子听说新娘子跑了，顺手拿个笤刷子去追。眼看快要赶上了，半沟里的一块山崖塌了下来，挡住了追赶者的去路，等他们绕道过来，麻线女已经钻进了水帘洞。上莲台时，麻线不够了，麻线女连忙挖出自己的肠子接在线头上，终于端端地坐上了莲台。这下可把大伙儿惊呆了。妈妈将手里的火棍插在地上，念叨着说："要是你是神仙，就让这火棍上长出叶叶儿来。"说也奇怪，烧火棍真的长出了叶子，刹那间成了火棍树。嫂子把手中的笤刷子插在地

拉梢寺浮塑大佛

上念叨着说：“要是你是神仙，就让这笤刷子上结出果果来。”笤刷子真的结出了果子，刹那间成了笤刷子树。从此麻线女就成了麻线娘娘。半路塌崖的地方，现在叫显圣池。这笤刷子树和火棍树至今还在水帘洞的寺院里生长着。

拉梢寺。又名大佛崖，在大佛峡北，和水帘洞隔沟相望。巨大的石崖壁面上浮塑一佛二菩萨，佛陀端坐莲台，二菩萨拈花侍立两旁。大佛右上侧有两层木骨泥悬塑像，上层为一佛二菩萨二弟子，下层为十方佛。整个崖面上除造像、小龛和佛塔外，还用大面积彩绘填补所有空间。浮雕、小龛、塑像和壁画巧妙地安排在同一崖面，色彩斑斓，场面壮观。拉梢寺有三奇：崖面大佛高达 42.3 米，举世罕见；墨书题一方，清晰可见，铭记大佛为北周明帝三年（559 年）陇右大都督、秦州刺史尉迟迥所造；崖面上端建避雨风檐，檐下壁画造型留有小乘佛教痕迹，亦属国内罕见。

千佛洞。从水帘洞向西数百米就是千佛洞，因壁画绘千佛而得名，又因壁面悬塑七佛，俗称七佛沟。现存窟龛造像和壁画，自上而下分三层布局。其造像始于北周，大兴于中唐及五代，色泽鲜艳，传神动人。

显圣池。在水帘洞东南数百米处，为一座天然洞窟。洞内奇石耸立，苍苔覆盖，泉由石生，水从石下，终年叮咚作响。洞内岩壁尚存一佛二菩萨造像痕迹,残存壁画约 90 平方米。亮点和看点:

1. 自然景观和人文景观。水帘洞石窟东近大像山、麦积山，西通炳灵寺、莫高窟，造像一脉相承又独具特色。周围丹霞地貌千姿百态、风光无限。山隐佛寺，壁挂造像。花草树木点缀，清泉溪水轻流，佛教文化和大自然的美景浑然一体。

2. 拉梢寺题记。在石窟右下方崖壁大佛北面菩萨身旁，距地面 2.5 米。魏碑体，竖向，12 行。北周明帝三年（559 年）刻石。

水帘洞石窟之试斧山

保存完好。文云：

> 维大周明皇帝三年岁次己卯，二月十四日，使持节柱国大将军陇右大都督，秦、渭、河、鄯、凉、甘、瓜、成、武、岷、洮、邓、文、康十四州诸军事，秦州刺史、蜀国公尉迟迥与比丘释道藏，于渭州仙崖敬造释迦牟尼佛一躯。愿天下和平，四海安乐，众生与天地久长，周祚与日月俱永。

尉迟迥（516—580），鲜卑族，西魏、北周重臣。《北史》《周书》有传。在西魏、北周朝其主要仕宦经历为：西魏废帝二年（553年）秋任大都督，益、潼等十二州诸军事，益州刺史；恭帝元年（554年）任大都督，益、潼等十八州诸军事，益州刺史；北周武成元年（559

拉梢寺摩崖题记局部

年）十月为秦州总管；建德四年（575 年）十月又二任益州总管；大成元年（579 年）任相州总管。至大象二年（580 年），反对杨坚篡权，兵败自杀。史料和摩崖石刻对照研究，于研究西魏、北周史事和佛事大有裨益。特别提示，本题记是摩崖石刻，书刊上经常采用的此题记的墨书本，乃是临摹作品，非原物。

3. 摩崖壁画。水帘洞石窟群皆是依托天然屋檐状岩穴建造，其“洞”或“窟”的特征并不明显，于是壁画全部绘制在天然岩壁上，可称之为摩崖壁画。这是水帘洞石窟艺术有别于其他石窟窟内作画的一大特色。

4. 摩崖浮雕大佛。拉梢寺摩崖浮塑大佛通高 42.3 米，浮雕面约 1000 平方米，是世界上最大的摩崖浮雕造像。大佛结跏趺坐于方形莲花座上，双手掌心向上，神情含蓄自然，衣带飘飘欲动。

5. 水帘洞庙会。农历二月十九开始，来自甘谷、武山、陇西、通渭等县的香客、游人多至数万，纷纷来水帘洞祈福。会期 10 天。

6. 武山水帘洞拉梢寺世界第一摩崖大佛祈福文化旅游节。是为天水伏羲文化旅游节的分项节庆活动，主题是“祈福圣地 · 大福武山”。从 2011 年开始，每年一届，时间为 6 月 23 日。届时开展祈福、非物质文化遗产展演、旅游推介、招商引资等活动。

| 木梯寺石窟 |

到达：从天水市区南湖汽车站乘去武山的班车（30 分钟一班），在武山县汽车站换乘去马力镇或漳县新寺的班车，于马力镇下车，步行或乘坐出租车即达。

开放时间：8：00—17：00。

门票价格：10 元 / 人。

木梯寺全景

全国重点文物保护单位。

在武山县西南约30公里的马力镇杨坪村柏林山。据传，古代绝壁处曾设有数丈木梯，供人们攀缘入寺，故而得名。石窟主要分布在桐树湾、松树湾和天梯梁上，或凿于悬崖，或开于崖脚，高低不一，错落有致。现存石窟20个，有造像80余尊，壁画234幅、面积2100多平方米。其中桐树湾保存着全寺规模宏大、塑像精美的第5、第7、第9三个窟，唐代建造，宋代重修，具有典型的宋代塑像风格，保存完好。第14号窟为大佛阁，因保存着全寺最大的一座佛而得名。大佛为倚坐式，高6.38米。以上重点石窟之外，还有玉皇阁、三官殿、药王殿、无量佛殿、菩萨殿、魁星阁等佛道殿宇十余座，皆依山临谷，飞阁凌空，别有一番韵致。木梯寺所在石峰险峻，林木葱郁，多白皮松等珍贵树种。春夏之际，丁香遍山，香气袭人，如梦如幻。看点和亮点：

1. 农历五月五的端午节是木梯寺庙会，游山拜佛之外还可观看旋鼓表演等文艺活动。

2. 木梯寺在马力镇南山林木深秀处，登寺北望，榜沙河流过的马力川一览无余。每年五一节前后，满川小麦拔节、油菜花盛开，可指点江山，骋目驰怀。

木梯寺第 14 窟大佛

| 圣寿寺 |

到达：从天水市区南湖汽车站乘班车去武山（30分钟一班），至武山县汽车站，换乘公交车或乘坐出租车至武山县城即达。

开放时间：全天。

门票价格：免费。

在武山县城。也称寿圣院或寿圣寺。始建于北宋，历经重修。寺院下、中、上三院布局，原有天王殿、三官殿、股肱殿、钟楼、鼓楼、燃灯佛殿、十八罗汉堂等建筑。现仅存燃灯佛殿和东、西两侧的挟屋，保有元代建筑风格。

| 滩歌明清一条街 |

到达：从天水市区南湖汽车站乘去武山的班车（30分钟一班）至武山县汽车站，换乘去滩歌镇的班车，至滩歌镇下车即达。

开放时间：全天。

门票价格：免费。

在滩歌镇镇内。始建于明末清初。街道东西贯通，最宽处7.5米，最窄处3.27米，全长600多米。街道中间又有3条南北向的巷道，分别为上南巷、下南巷、侯家巷。街道两侧全是店铺。全街习惯上分上、中、下三街。有古代建筑280间，其中上街村172间，下街村108间。大多为四合院，保存完好的宅院有5处。古建多为单檐青瓦硬山顶式，也有双坡屋面青瓦硬山顶和四门八窗青瓦硬山顶式，亦有部分阁楼式建筑。临街铺面，面朝街道的

滩歌明清老街

墙体通体木板，门扇均可因进出需要而随意卸下，至晚上可装上所卸门扇，用横木一闩，安全方便。现在许多旧时商铺已不做生意，而建筑结构依旧，古风犹存。

| 老君山 |

到达：从天水市区南湖汽车站乘去武山的班车（30 分钟一班）至武山县汽车站，换乘去龙台乡的班车或面的，在老君山山门下车即可。

开放时间：全天。

门票价格：免费。

君山秋色

甘肃省省级森林公园。

在武山县城东南约2.5公里处。因传道教祖师太上老君在此修道而得名。山势雄伟，古松参天。“君山碧障”为明清时宁远八景之一。原本是道教圣地，北宋时期就有道观，旧时山上有老君殿、玉皇阁、祖师殿、青牛祠、菩萨殿、纯阳宫、三官殿、药王洞等古庙及前后山门。现在古建筑不存而山色依旧,看点在“君山八景”——西方胜境、棋台仙迹、仙人古洞、锅底云烟、石峡飞瀑、幽谷神泉、鸡冠叠翠、东峰晓日。民间有“君山绿，衣食足；君山秃，万家哭”的说法，以老君山植被的荣枯兆应庄稼的收成，可见在古人看来这座山和千家万户的生活密切相关。

| 鲁班山 |

到达：从天水市区南湖汽车站乘去武山的班车（30分钟一班）至洛门汽车站，换乘去鲁班山的班车可达。

开放时间：全天。

门票价格：免费。

甘肃省省级地质公园。

在县城东北20公里处的榆盘乡境内。是一座集地貌地质、地质构造、自然景观和人文历史于一体的丹霞地质公园。景观以第三纪的红色砂砾岩丹霞地貌为主，有鲁班试斧、松林晓月、仙人送子、五虎出山、东坡夜游、李白醉酒、笔峰独秀、驼群远行等25处景点。峰林如聚，千姿百态，松悬峭壁，花开满山。山上曾有石窟多处，始建于北魏。后屡有兴废，现仅存废墟残窟。

鲁班山丹霞地貌

卧牛山森林公园

到达：从天水市区南湖汽车站乘去武山的班车（30 分钟一班），至武山县汽车站，换乘去滩歌镇的班车，再乘去景区的面的即达。

开放时间：9：00—17：00。

门票价格：10 元 / 人。

甘肃省省级森林公园。

在滩歌镇南面，与岷县交界，距武山县城 35 公里。景区内有山形如卧牛而得名。占地面积 74.48 平方公里。群山环抱，太皇山和天爷梁东西巍然峙立，主要的景点有七女峰、相思洞、妖精潭、将军庙、骆驼峰、五子登科等 18 处，林海涌波，流水发声，或用五个字概括——雄、奇、险、峻、秀。是夏季避暑休闲的好

卧牛山景区

地方。看点和亮点：

1.北宋摩崖石刻。在景区峡口圈子阖北山的石碑湾南麓山崖上。宋徽宗政和八年（1118年）刻石。刊字崖面高243厘米，横宽188厘米，距地面约3米。四周皆有栏线，首行、尾行距边线约5厘米，顶文、底文距上下边线约9厘米。正文楷书左行，共16行，首行9字，次行3字，尾行19字，其余皆20字，总计276字。次行第三字“建”下有楷书释文“□□□□漆得常草场三处，围圆三十三里各有界”20字。巩州通判魏润博撰文。碑文涉及37人，其中转运使张孝纯，诸司属官高荷、范直方、刘焘有史可考。由于地处偏远，又在悬崖，保存完好。文曰：

政和八年，岁在戊戌，有诏修建宣德楼、集英殿。八月下，巩州计置巨材，自五丈至百，亦其数二千三百七十有奇，以转运、提刑、常平司钱充其费。转运使张孝纯、防御使王子夕、提举木筏叶蒙正实领使事。九月辛巳，合州县官分董其役，吏益知劝，民不告劳。越十一月己巳毕工，凡一百有九日也。夫臣子享上之忠，可谓美矣。

知州事董序、通判州事魏润博，诸司属官张菘、高荷、范直方、王南朋、刘焘，编栏将官库规司录事蒲庆余，曹官钱野、张侃，陇西令张希、荀丞、梅亮，城寨官高公翰、王似、冯康民、李嗣良、张公彦、马钧、周温之、元焘、赵继贤、安定、辛叔杰、卢国华、吕公裕、张岩、王宗、许淳，监木务贾传、朱宪、李芾，屡集于青竹平之山。咸谓是役也，成功之敏，前此未有，不可不书。于是润博记之于崖，以传不朽云。

2. 太皇山草场。在景区边沿的太皇山上，是武山四大草场之一，约 6000 亩。夏天芳草萋萋，人在草上走，云在脚下生，幻若仙境。太皇山植被呈垂直分布，有云“太皇无春夏，雪积六月寒”，最高处是高山草甸，中间地段是冷杉、云杉、红桦林，低处为油松、华山松、落叶松柏、栎、五角枫;谷底有沙棘、石竹、花草。自然生态保存完好。

3. 天爷梁。在景区边上，主峰海拔 3120.4 米，是天水市最高峰。山上有高山草甸，20 世纪 50 年代，这里曾设立牧场。

| 草川大草原 |

到达：从天水市区南湖汽车站乘去武山的班车至洛门汽车站，转乘至温泉或草川的班车，再乘去草原的车辆可达。

开放时间：全天。

门票价格：免费。

在武山县城东南约 55 公里处，地属草川乡，在武山、甘谷、礼县三县交界处。总面积 7 万多亩。草原所在海拔在 1700 米—2600 米之间，天蓝云白，岭谷绵延，杂树丛生，碧草如海，是彻底放松身心的好去处。每年夏天，舟曲、卓尼等地的牧民赶着成群的牛羊转场来到这里放牧，平日里寂寥的草原便生机勃勃了。

第四单元

此处任由我行

小沙弥

立于麦积山石窟第133窟第9龛台座。北魏佛教文化精品。为佛祖弟子阿难造像，俗称『小沙弥』。高87厘米，宽36厘米。光头，内着僧祇支，外着双领下垂袈裟，衣角搭于左臂，左手牵衣角下垂，右手（已残）曲肘举于胸际，衣摆落地呈喇叭形。面容秀丽，身材匀称，笑容可掬，动人心魄，活脱脱一个稚气未消的英俊少年形象。

《到西北来》谈天水

1936年6月，随军记者张扬明途经天水，逗留2日，其次年出版的采访集《到西北来》有专节《万山重叠中的小上海——天水》记述天水，谈到总体印象时，张扬明说："总之，天水在甘肃确算不一二见的县份，陇南人民都以'小上海'称之。因为它是南入四川，北走宁夏，东通陕西，西上皋兰的如蛛网的中心般的一个总枢纽，所以商业繁盛，风气也比较开通，并且人民处处都能表现一点革命精神。"

十四、五大文化

“五大文化”是天水市对本土特色文化的概括性提法。所谓“五大文化”，即伏羲文化、大地湾文化、秦文化（或言秦早期文化）、三国文化、麦积山石窟文化。这些文化我们在介绍历史人文和旅游景点时都已提及，在此再加扩展，以满足个性旅游需要。

伏羲文化——可规划寻根问祖线路。景点有市区西关伏羲庙，市区西北中梁凤凰山，麦积区渭南镇卦台山、龙马洞，甘谷县白家湾乡古风台、大像山太昊庙、华盖寺伏羲洞，秦安县陇城镇女娲庙、县城泰山庙伏羲殿，清水山门镇三皇谷、县城轩辕广场及轩辕湖。

大地湾文化——可规划大地湾文化遗址为主的远古文化探访线路。考察地有秦安西北五营乡大地湾文化遗址、大地湾博物馆等，秦州区城西师赵村遗址、西山坪遗址等，麦积区伯阳镇柴家坪遗址、中滩镇樊家城遗址等，清水县永清镇李崖遗址、永清堡遗址等，张家川回族自治县张家川镇坪桃塬遗址、龙山镇西川遗址等，甘谷礼辛镇礼辛遗址、新兴镇渭水峪遗址等，武山县山丹镇石岭下遗址、马力镇付家门遗址、鸳鸯镇狼叫屲遗址等。另，各县区博物馆收藏展览文物以新石器时代文物最为丰富，可逐一参观。

秦文化——可规划寻找大秦帝国早期文化之旅，将甘肃秦文化文物景点串联起来。考察天水市秦州区秦岭乡，麦积区放马滩秦汉墓遗址、渭南镇董家坪遗址，甘谷县毛家坪遗址，清水县李崖遗址、刘坪遗址，秦安县五营乡王家洼戎人贵族墓，张家川回族自治县张家川镇马家塬戎人贵族墓。天水各县区博物馆有一定数量的秦文化文物，可逐一参观。另，陇南市礼县是秦早期都城西垂宫所在地，有秦西垂陵园等秦文化遗址及礼县秦文化博物馆可重点考察参观。

民国时的诸葛军垒

三国文化——可规划探访三国文化遗迹之旅，将天水、陇南三国文化景点串联起来。天水市景点有秦州区城南诸葛军垒、玉泉观武侯祠、牡丹镇木门道，秦安县陇城镇三国古战场遗址街亭，甘谷县六峰乡姜维祠、姜维墓，武山县高楼乡铁笼山。陇南市景点有礼县祁山乡祁山堡。

麦积山石窟文化——可规划以麦积山石窟文化为主的石窟文化之旅，将甘肃石窟文化文物景点串联起来。天水市景点有麦积区麦积山石窟、仙人崖灵应寺石窟，秦州区佛空寺石窟，秦安迦叶寺石窟，甘谷县大像山石窟、华盖寺石窟、马务寺石窟等，武山县水帘洞石窟、木梯寺石窟、禅殿寺石窟等。向西一路，有临夏回族自治州永靖县西南的炳灵寺石窟，武威市凉州区中路乡天梯山石窟，张掖市肃南裕固族自治县马蹄寺石窟，敦煌市莫高窟、榆林窟。向东北一路，有平凉市泾川县王母宫石窟、南石窟寺、泾河川谷地百里石窟长廊，庆阳市西峰区北石窟寺。向南一路，有西和县法镜寺石窟、八峰崖石窟，成县大云寺石窟，徽县火站石窟、佛爷崖石窟。天水各县区博物馆有一定数量的佛教文物，亦可逐一参观。

十五、沿着诗圣的足迹

唐乾元二年（759 年）是诗圣杜甫生活最为动荡的一年，本年秋天，诗人弃官度陇，流寓秦州；冬十月，还是因为生活所迫，由秦州南下同谷；冬十二月，又是因生活所迫，由同谷流离到成都。在秦州不足 3 个月，留诗 90 多首，也留下了诸多文化遗产。秦州有草堂 5 处：东柯草堂、草堂寺（已毁）、玉泉观杜甫草堂、玉泉观李杜祠、南郭寺杜少陵祠。有杜甫诗碑 2 通：明代《老杜秦州杂诗》碑，清代“二妙碑”。

杜甫喜好游历，以诗纪实，其诗有“诗史”之称。其在秦州以《秦州杂诗》为代表的诗作，涉及山川地理、历史文化、社会生活等各个方面，完全称得上是关于唐代秦州的地志式诗传，许多诗作所写都可以和今地及风物对照，现在的天水的确能找到杜诗的影子。由此可规划杜诗文化之旅，沿着诗圣的足迹“流浪”。考察地有秦州区玉泉观杜甫草堂，南郭寺杜少陵祠、《老杜秦州杂诗》碑、新建之“二妙碑”，麦积区街亭村东柯草堂等。此外，如杜诗“秦州城北寺，胜迹隗嚣宫”——秦州区北山皇城堡；“山头南郭寺，水号北流泉”——南山南郭寺；“晨发赤谷亭，险艰方自兹”——市区西南赤谷;“传道东柯谷，深藏数十家”“东柯遂疏懒，休镊鬓毛斑”——麦积区东柯河谷；《山寺》——麦积山石窟；《太平寺泉眼》——麦积区甘泉寺；《西枝村寻置草堂地夜宿赞公土室二首》——麦积区西枝村等,都可以找到和诗句或诗题对应的今地,以供考察。

东柯草堂。在天水市东南麦积区街子古镇西北柳家河村。杜甫流寓秦州，曾寓居东柯谷隐居的侄儿杜佐处。北宋时，其寓居处即建有草堂。明代以来列入秦州十景，称“东柯草堂”或“东柯积翠”。清初被毁，再未恢复。东柯民谣曰:“九股松，八股槐，白水涧,砚洼台;仙人场,滴水崖;杜甫淹留地,草堂建起来。”1999年，附近村民在原址修建茅舍3间，可供凭吊。

草堂寺。在天水市麦积区社棠镇南。始建于明代,先有寺院,后有财神庙，寺内建立祠堂祭祀杜甫，名“少陵草堂”。20世纪60年代末拆毁。

玉泉观杜甫草堂。在天水市城北玉泉观内，清乾隆二十三年(1758年)建。乾隆《直隶秦州新志》卷三《建置》:“在天靖山。乾隆二十三年知州刘斯和将升去，士民公为立祠，刘不敢居，因杜陵东柯草堂久废，即命以此当之，祀少陵于中。而以国初巡道宋荔裳先生配焉。”光绪二十九年(1903年)改修轩窗并绘子美像。现为道士居室。

玉泉观李杜祠。又称大雅堂，在天水城北玉泉观内。始建于明嘉靖年间，祀诗仙李白、诗圣杜甫。清代顺治、乾隆、光绪年间数次重修。即如顺治《秦州志》卷六《仪制志》记载:“李杜祠，旧建天靖山西麓，因甲午地震，尽圮。顺治丙申，兵宪宋公捐俸鼎新,规模闳敞,视昔日有加。”清代每年重阳九月九日祭祀李杜，秦州文人雅集，诗酒自娱，引为盛事。20世纪60年代损毁。

南郭寺杜少陵祠。在天水市城南南郭寺内。本为东禅院，清光绪二十九年(1903年)重修南郭寺时改建为杜甫祠。张珩《重修南郭寺碑》说:“佛殿之东偏，旧为禅院，住僧中绝，屋亦倾颓，遂改建为杜工部祠。”现存。

南郭寺杜少陵祠

老杜秦州杂诗碑。原立天水文庙，2002 年移至南郭寺。明成化十九年（1483 年）由秦州知州傅鼐主持重刻。碑通高 225 厘米，宽 105 厘米。碑面题额《老杜秦州杂诗》，刻杜甫秦州诗 36 首；碑阴题额《古今题咏》，刻杜甫秦州诗 13 首，另刻傅鼐所题“秦州十景”诗。碑以汉白玉制成，保存完好，高大壮观。落款有“重镌”，说明镌刻杜诗是秦州古已有之的传统。

二妙碑。原称杜诗石刻，在天水玉泉观内，顺治十三年（1656 年）建成，是清初著名诗人宋琬策划主持，集兰州肃王府所存《淳化阁帖》王羲之、王献之书法刻杜甫秦州诗而为之。诗为诗圣之诗，字为书圣之字，诗妙字妙，故称“二妙”。诗碑卷首是杜甫线刻半身像，其次是宋琬的《杜甫像赞》；再其次是正文，有杜甫秦

“二妙碑”残石　天水市博物馆藏

州诗 60 首；卷尾依次是党崇雅、东荫商、王一经、郭充、聂玠、邓旭六人的跋和宋琬的总跋——《杜诗石刻题后》。康熙年间因战乱而散佚，仅有少量拓本流传。1998 年依据流传初拓本，放大重刊于杜甫登临过的天水另一名胜南郭寺，成为南郭寺一大人文景观。诗圣书圣联袂，唐韵晋墨溢彩。

如果还不尽兴，我们的“流浪”旅程还可以再远些。杜甫由秦州赴同谷（今陇南市成县），有记行诗 12 首，依次为《发秦州》《赤谷》《铁堂峡》《盐井》《寒峡》《法镜寺》《青阳峡》《龙门镇》《石龛》《积草岭》《泥功山》《凤凰台》；同谷赴成都记行诗 12 首，依次为：《发同谷》《木皮岭》《白沙渡》《水会渡》《飞仙阁》《五盘》《龙门阁》《石柜阁》《桔柏渡》《剑门》《鹿头山》《成都府》。这 24 首记行诗每一首都以行至地名为诗题，地域涉及今甘、陕、川三省，对应地分别为今天水市秦州区，陇南市礼县、西和、成县、徽县，陕西省汉中市略阳县、宁强县，四川省广元市、绵阳市、德阳市、成都市。这一路山川雄奇秀美，蜀道风光尤限，追随杜甫足迹，考察风土人情，仿古迹学杜诗，定然有别样感受。

十六、名人故居遍览

天水城区的古民居特色鲜明，数量多，布局严谨，艺术水准高。天水被列为国家级历史文化名城，一个很重要的因素就是因为有成片古民居的存在。尽管20世纪90年代旧城改造使东关、大城、中城古民居几近消失，但在伏羲城和西关城仍幸存有枣园巷、大小巷道、三星巷、育生巷、忠义巷、自治巷、澄源巷7条历史街区，以及石家巷、士言巷、自由路3个片区。总占地面积17.6万平方米，总建筑面积12.5万平方米。全城保存较好的院落有143个，最具代表性的有胡氏民居，杨名显、哈锐、张庆麟、刘永亨、石作瑞、连腾霄、任其昌、贾缵绪、冯国瑞等名人故居。其中国家级文物保护单位1处，省级文物保护单位4处，县级文物保护单位9处，核心保护院落101处。可规划最接地气的古民居考察旅游。这些民居多是大杂院，也有行政部门入驻者，有历史文化名城保护院落标志。不用担心，全天候开放，不收门票，房主人大多热情好客。

胡氏民居。又称南北宅子，在秦州区大城民主西路，分列路南北，隔街相望。是明山西按察使副使胡来缙和其子太常寺少卿

贾缵绪宅院前院

胡忻故居（简介详见第 116 页）。

贾缵绪宅院。俗称贾家公馆，在秦州区大城砚房背后 66 号，与胡氏民居北宅子毗邻。是民国时甘肃烟酒总办、教育厅长贾缵绪的故居。宅院坐北朝南，为串联式一进四院落建筑群，后院有花园一处，东侧有偏院一处。有建筑 16 座 50 余间。经整修，恢复原有风貌，现为天水 66 文化创意园，不时有展演活动。

冯国瑞宅院。在秦州区大城共和巷 33 号，是陇上著名学者冯国瑞故居。前后两院，有建筑 15 座 31 间。

连腾霄宅院。在秦州区北关连家巷 2 号、4 号、6 号。是清太学生连腾霄故居。一进三院，有建筑 10 余座。2003 年被列为甘肃省省级文物保护单位。

杨家宅子。在秦州区西关杨家楼 66、67 号。是明代广东布政司副使杨名显的故居。现存东宅中院过厅、东西厢房，后院的东西厢房和西宅5间楼。

哈锐宅院。在秦州区西关澄源巷及本巷42号，和自由路12号三处宅院，同一图纸，同时建成，是清进士、四川乐山知县、著名实业家哈锐故居，保存基本完好。2003年被列为甘肃省省级文物保护单位。

张庆麟宅院。在秦州区西关澄源巷21号、23号、42号。是清进士、直隶广平知县张庆麟故居。三大院落，21号院、23号院并列在巷南，42号院在巷北。有大小建筑24座70间。2003年被列为甘肃省省级文物保护单位。

张庆麟宅院垂花门影壁

张仲武宅院。在秦州区西关育生巷42号。是清陕西紫阳县知县张仲武故居。一进三院，有建筑14座40余间。

张金鉴宅院。在秦州区西关育生巷56号。是清光绪年间补道同张金鉴故居。一进三院，有建筑13座38间。

赵氏宅院。在秦州区三星巷、新民巷，是清武进士赵子培等赵氏家族的宅第。赵氏宗祠之外有 8 个院落，有建筑 40 座 130 余间。

张焕斗宅院。在秦州区西关自治巷 57 号、59 号、61 号，是清武进士张焕斗等张氏族人宅第。由三大院落及跨院、书院组成，有建筑 25 座 87 间。

邓家院。在秦州区西关忠义巷 28 号，是邓宝珊将军故居之一。一进三院，有建筑 15 座 35 间。

刘永亨宅院。在秦州区西关自由路 2 号。是清进士、礼部侍郎刘永亨宅第。一进二院，主院为四合院形制。

汪家老院。在秦州区西关自由路 45 号，二进二院，均为四合院形制。

张登甲宅院。在秦州区自由路 14 号，是清举人张登甲故居。一进三院，有建筑 15 座 35 间。

石作瑞宅院。在秦州区西关石家巷、建兴巷。是清川南永宁道道台石作瑞故居。有大小 7 座院落，主院建筑以八卦布局。2003 年被列为甘肃省省级文物保护单位。

任其昌宅院。在秦州区西关士言巷 4 号。是清进士、户部主事、著名教育家任其昌故居。一进两院，保存完好。

天水古民居无论平面布局、结构形式还是构件元素，都体现着天水当地的风俗习惯和自然条件，反映了房屋主人的文化修养和经济水平，有典型的地域特色。一是布局特色——组群院落，中轴对称，道法自然；二是结构特色——土墙木架，抬梁构制，外隐内敞；三是构件特色——精巧玲珑，内涵丰富，寓意深刻。古民居是城市发展演变的见证，也是一地人文底蕴和优秀传统的集中展示。每一院古民居即是集众美于一体的建筑博物园，一进数院，主次分明；卵石铺路，花草游鱼；影壁诗画，门额联匾。大门简单古朴，外观高墙深巷。主人情趣、天然意境，尽在其中矣。

十七、博物馆之旅

天水有国有博物馆7家，为天水市博物馆、麦积区博物馆、秦安县博物馆、大地湾博物馆、张家川回族自治县博物馆、甘谷县博物馆、武山县博物馆。另有私有博物馆数家，对外开放的有云鼎陶文化博物馆（在张家川回族自治县城）、石岭下彩陶博物馆（在武山县城）等。这些博物馆文物中最有特点的是新石器时代彩陶、玉石器，秦汉文物，佛教文物，数量多、价值高，地域特色鲜明。可规划探访博物馆，感受天水历史文化之旅。

| 天水市博物馆 |

到达：和伏羲庙同地，伏羲庙后院西即博物馆，游览伏羲庙可顺便参观天水市博物馆。有多路公交车可乘，市三中下车斜对面即是，或乘坐出租车。

◷ 开放时间：9：00—17：00。星期一闭馆。

Ⓢ 票价：免费。

1979 年成立，1986 年由天水城隍庙搬迁至天水伏羲庙，形成馆庙合一体制。2016 年晋升为国家一级博物馆。占地面积 3.5 万平方米，建筑面积 8361 平方米。馆藏文物有石器、陶器、瓷器、铜器、铁器、书画、古籍、杂项、民俗文物、现代书画和古钱币等，共计 31909 件。基本陈展厅有 9 个，分别为走进天水——序厅，文化天水——通史陈列厅，翰墨集萃——天水名人书法厅，地杰人灵——天水历史名人厅，甄陶天工——馆藏彩陶陈列厅，范金琢玉——馆藏瓷器陈列厅，铜华泛美——馆藏青铜器陈列厅，丝路瑰宝——隋代贴金彩绘屏风式石榻特展厅，至孝天堂——宋墓搬迁复原展。展出文物 1000 余件，以通史和专题的形式展示天水历史进程和古代文明成就。亮点和看点：

1. 新石器时代彩陶。数量多，种类齐全，涵盖时间长。大地湾文化、仰韶文化、仰韶文化石岭下类型、马家窑文化、齐家文化、辛店文化、寺洼文化陶器应有尽有。

2. 隋代贴金彩绘屏风式石榻特展。屏风式石榻又称石棺床，国家一级文物，为天水市博物馆镇馆之宝。1982 年于天水市南郊石马坪村粟特人墓葬出土。通高 1.23 米，长 2.18 米，宽 1.15 米。由 17 块画像石板和 8 块素面石条组成，可分为围屏、榻板和底座三部分。画像石板有墓主人狩猎、宴饮、出行、泛舟等生活场

隋代贴金彩绘屏风式石榻　天水市博物馆藏

景和亭台楼阁、水榭花园等建筑，床座有乐伎奏乐场景，是研究隋唐时期粟特文化和汉文化交融情况的重要实物资料。

3. 每年都有高水平交流展。已举办过齐白石绘画作品展、黄宾虹书画作品展、“扬州八怪”精品书画展、走进西域——新疆丝绸之路文物精品展、丰子恺漫画展等展览。

| 天水市麦积区博物馆 |

到达：乘坐 9 路、17 路、33 路公交车于龙园站下车即是，或乘坐出租车。

开放时间：每天 9：00—17：00。星期一闭馆。

票价：免费。

在麦积区马跑泉路龙园内。2002 年成立，2008 年免费开放。占地面积 1.2 万平方米，建筑面积 6500 平方米，展馆面积 2800 平方米。馆藏各类文物 5096 件，其中珍贵文物 217 件。基本陈列为麦积遗珍——历史文物展。展品以新石器时代陶器和先秦青铜器最具特色。

仰韶文化石岭下类型漩涡纹彩陶壶
麦积区博物馆藏

辛店文化狩猎纹彩陶罐
秦安县博物馆藏

| 大地湾博物馆 |（简介见前 179 页）

| 秦安县博物馆 |

到达：至县城步行可达。

开放时间：9：00—17：00。星期一闭馆。

票价：免费。

在秦安县县城新华街，和兴国寺毗邻。1999 年建成，2002 年免费开放。占地面积 1700 平方米，建筑面积 650 平方米。馆藏各类文物 5060 件，其中国家一级文物 19 件，国家二级文物 72 件，国家三级文物385件。基本陈列为成纪八千年——秦安历史文物精品陈列，由华夏文明的曙光、青铜时代文化和成纪遗珍三个单元组成。大地湾文化彩陶、北朝至唐代的佛教造像石刻、地方名人书画都很有特色。

| 清水县博物馆 |

到达：至县城步行可达。

开放时间：9：00—17：00。星期一闭馆。

票价：免费。

在清水县城永清路。2006年新馆建成，2011年免费开放。博物馆占地面积2600平方米，建筑面积1300平方米，展厅面积500平方米。馆藏各类文物10000多件，其中国家一级文物25件，二级文物117件，国家三级文物464件。基本陈列展览为清水历史文物精品展和清水县馆藏书画精品展。展品以先秦戎族文物和古代书画最具特色。

战国虎噬羊纹金箔饰片

| 张家川回族自治县博物馆 |

到达：至县城步行可达。

开放时间：9：00—17：00。星期一闭馆。

票价：免费。

在张家川县城新区滨河西路。1992年建成。占地面积2700平方米，建筑面积2900平方米，展厅面积542平方米。馆藏各类文物1.5万余件，其中国家一级文物17件、国家二级文物61件、国家三级文物279件。有馆藏历史文物陈列、马家塬出土文物陈列、馆藏书画陈列、馆藏民俗文物陈列共四个基本陈列。展品以马家塬战国墓出土文物和民族文物最具特色。

战国三鸟纹鎏金铜壶

| 云鼎陶文化陈列馆 |

到达：至县城步行可达。

开放时间：9：00—17：00。

票价：免费开放。

在张家川县城人民西路6号。面积800平方米，隶属张家川云鼎陶文化传播有限公司，由民营企业家马丑子创办。2015年8月19日免费对公众开放。2016年12月被命名为“甘肃省文化遗

馆内陈列一角

产历史再现工程博物馆”。有藏品2万余件，其中仰韶文化、马家窑文化、齐家文化彩陶最为精彩，数量众多，洋洋大观。另有春秋战国至明清时期的青铜器、陶器、瓷器、玉器、碑刻等藏品多件。

| 甘谷县博物馆 |

到达：至县城步行可达。

开放时间：9：00—17：00。星期一闭馆。

票价：免费。

在甘谷县城冀城广场南侧。2000年成立，建筑面积1300平方米，展厅面积430平方米。馆藏各类文物2200件，其中国家一级文物16件，国家二级文物32件，国家三级文物50件。基本陈列为甘谷县历史文物精品展。展品以新石器时代彩陶、汉唐青铜器、北朝石造像和历代名人书画最具特色。

齐家文化锥刺纹陶铃
甘谷县博物馆藏

寺洼文化灰陶盏
武山县博物馆藏

| 武山县博物馆 |

到达：至武山县城步行可达。

开放时间：9：00—17：00。星期一闭馆。

票价：免费。

在武山县城北滨河路渭北文体中心西区。1991 年成立，2016 年新馆正式对外免费开放。建筑面积 2200 平方米。馆藏各类文物及标本 3000 多件，古钱币 2 万余枚。有珍贵文物 200 余件，其中国家一级文物 6 件，国家二级文物 32 件。基本陈列以“武山记忆”为主线，用一个序厅和 7 个专题陈列展厅陈列，序厅为武山历史文化概述，专题展厅依次为：上古探秘、陶风彩韵、周秦遗韵、汉唐珍藏、宋元明清、佛教艺术、馆藏书画。展品中有旧石器时代“武山人”头骨化石及新石器时代彩陶器精品多件，有近现代名家董必武、郭沫若、胡厥文、启功、潘天寿、沙孟海等人书画作品 80 多件。

| 石岭下文化彩陶博物馆 |

到达：至武山县城步行可达。

开放时间：9：00—17：00。

票价：免费。

在武山县南滨河路，和武山县博物馆隔河相望。建筑总面积 1400 平方米。是由武山籍画家王琦荣发起创办的专业彩陶博物馆。2016 年开馆。现有藏品 600 多件，展出 300 余件。展品以石岭下类型文化彩陶为主，兼及仰韶文化、马家窑文化、齐家文化、沙井文化各期彩陶和灰陶。

馆内一角

天水市全国重点文物保护单位一览表

序号	名称	所在地	批次	年份	类别	时代
1	麦积山石窟	麦积区	第一批	1961	石窟寺及石刻	北魏至明
2	大地湾遗址	秦安县	第三批	1988	古遗址	新石器时代
3	兴国寺	秦安县	第四批	1996	古建筑	元代
4	伏羲庙	秦州区	第五批	2001	古建筑	明清
5	胡氏古民居建筑	秦州区	第五批	2001	古建筑	明清
6	水帘洞—大像山石窟	武山县 甘谷县	第五批	2001	石窟寺及石刻	北周至唐
7	后街清真寺	秦州区	第六批	2006	古建筑	明至清
8	秦安文庙	秦安县	第六批	2006	古建筑	明至清
9	玉泉观	秦州区	第六批	2006	古建筑	元至清
10	木梯寺石窟	武山县	第六批	2006	石窟寺及石刻	南北朝至元
11	鲁公姬造像碑	清水县	第六批	2006	石窟寺及石刻	南北朝
12	仙人崖石窟	麦积区	第六批	2006	石窟寺及石刻	南北朝至清
13	马家塬遗址	张家川县	第七批	2013	古遗址	新石器时代、战国
14	放马滩墓群	麦积区	第七批	2013	古墓葬	战国至西汉
15	狼叫屲遗址	武山县	第七批	2013	古遗址	旧石器时代、新石器时代
16	李崖遗址	清水县	第七批	2013	古遗址	新石器时代、商、周、汉
17	毛家坪遗址	甘谷县	第八批	2019	古遗址	周
18	武山圣寿寺	武山县	第八批	2019	古建筑	元至民国
19	天水纪信祠	秦州区	第八批	2019	古建筑	明至民国
20	河峪摩崖石刻	张家川县	第八批	2019	石窟寺及石刻	东汉

十八、温泉挨个泡

温泉不多见，一个地方有三处温泉那就十分罕见了。天水市境内有街子温泉、清水温泉、武山温泉三处温泉，都在风景绝佳处，得天独厚。且都建有度假村，可泡澡、可健身、可疗养、可住宿、可享用美食，交通便利，当然可规划天水温泉休闲之旅。简介详见第41—46页。

十九、端午节来武山看旋鼓

旋鼓，民间称“羊皮鼓”“点高山”，流传于武山县滩歌镇、龙台乡、洛门镇之百泉等地。旧时用于祭祀、跳神等民间宗教活动，后来逐渐发展成为当地群众性的娱乐活动。每年农历四月开始，

滩歌旋鼓

先由儿童自发在各村敲起，自打自乐。随着五月初五端午节的临近，渐次热烈，大人们也参与进来，或组队出村对打，为端午总汇演做准备。及至端午，十里八乡的旋鼓者集结旋鼓，鼓队往往有数百人之多。鼓者成龙，观者如潮，鼓声震天，场面壮观。从起鼓、高潮到收鼓，持续月余。所旋之鼓，以扇形铁圈蒙羊皮为之，手柄端有铁环，铁环再缀以小铁环。表演时，左手持鼓、右手拿鼓鞭，或打鼓心，或敲鼓边，边敲边舞，鼓点、舞步变化多端，有各种套路和花式。20 世纪 80 年代开始，武山旋鼓舞被搬上电影电视荧幕，或参加国内大型文艺活动，多次荣获大奖。2008 年，武山旋鼓舞被列入国家级非物质文化遗产。旋鼓已成为武山优秀传统文化的代表，凡有文娱活动，必有旋鼓。不过，用于文艺表演的旋鼓不时被加入导演者设计的舞蹈动作，已和传统旋鼓风貌相去甚远。唯有端午节时，滩歌、百泉等地群众自发组织的旋鼓依然是传统古风。所以，看正宗旋鼓，还是要选端午节到武山来看。

二十、秦安武山赏花海

秦安是天水市产桃第一大县，桃树栽种面积近 8 万亩，主要分布在葫芦河及其支流川地和半山。桃树开花时节，山川便成为花的海洋，无限灿烂。当地政府每年都举办桃花节。

秦安的桃花开了

武山的油菜花开了

武山南山龙台镇、滩歌镇等乡镇植被较好，多梯田。或种小麦，或种油菜，一派田园风光。油菜花开放时节，也是小麦拔节之时，放眼望去，金黄的油菜花、碧绿的小麦相间分布，色彩浓烈，青山上下犹如巨型油画，美不胜收。届时当地政府会举办油菜花海观光活动。

注意事项：秦安桃花约在 4 月中上旬盛开，武山油菜花约在五一前后盛开，南山山区花期会延续到 5 月 20 日左右。

二十一、景东梁徒步

天水秦州区、甘谷县、武山县，陇南礼县交界有一条山岭，横亘数县，总称景东梁、景敦梁或三县梁。在甘谷有古坡草原、张口石草原，武山有草川草原，礼县有上坪草原，其实都在景东梁上。景东梁为石质山地，山势陡峻，山间山顶缓坡绵延，灌木丛生，高山草甸（俗称草原）广布，时有冰川作用遗留的巨石点缀其间，别样景观，无限风光。可规划探险徒步之旅。当然还可以是探险、自驾加徒步之旅，还可以是探险、骑行加徒步之旅。山上有牧人骑摩托驱驰，而汽车只能停在半路。上景东梁，肯定得徒步。

注意事项：景东梁草原即使在天水市，也是鲜为人知，基本是原始状态，没有旅游配套设施。不论从心理上、供给上、体能上、装备上都要按探险要求做好充足准备。还要特别注意，景东梁好多地方手机没有信号。每年 5—9 月满眼绿草如茵，是最好的旅游季节。

再谈一点私密经验，景东梁草原泛绿时，就有羊群、有牛群、有马群，当然也有牧人。有些牧人就住在山脚下，可与之商量现宰现烹肥羊，快慰口福啊！我朋友的朋友，牧人也。景东梁下左家场有家，牧养山羊数百只。我们每次上景东梁，下山的时候，就会有一大锅一大盆做好的热腾腾的羊肉伺候。大块羊肉就着椒盐、香菜大口撕咬。香菜整棵不切，再来一口烧酒，畅快到极致了。煮羊，不加任何调料，包括咸盐。柴火大铁锅，山泉清凉水，现宰肥羊大块下锅，凉水滚开，打去血沫子，待熟即可。那羊肉是完全彻底的天然香,此景只有“景东”有。哈哈！有些显摆了。只是想说明，羊肉原来还可以这样煮、这样吃。

后 记

这是一本导游书，似乎不应该有通行的那个后记。但此书麻烦的人和单位太多，我得到的帮助太多，不写个后记便无从感谢，不感谢在我这儿的确也过意不去，于是就不能免“俗”了。

作为专业历史教师，这几年，我不时想些——是考证历史重要还是叙述历史重要之类的问题，最后不了了之。我还真有些考证癖，不过，两者相较，我内心深处还是喜欢叙述历史。前年之某天，甘肃教育出版社的领导和我谈做“甘肃旅游丛书”的事，并委托我先做一本天水的，具体事务由我和编辑刘正东联系。我愉快地答应了。有道是“碎娃娃抓长虫呢，不知道害怕”。主要原因是想着可以尝试着“叙述历史”了。

到真正做的时候，才发现这“叙述”还真不是个简单事。一来做旅游书不单单是叙述历史，二来天水出的旅游书也颇有一些了，三来旅游者的需求和以前大不一样了。那么，我们应该如何做才能别致、才能实用？好长时间理不清个思路，于是就一拖再拖。终于，在去年夏天，似乎恍然有悟——重点在于景点、饮食，资讯在于真实、准确，文字在于平实、流畅。还有，从旅游者角度看问题、景点只选耐看的、以“导”字贯穿始终、结构要新颖、不故弄玄虚、用得上才是硬道理等等。想清楚了，做起来也就顺畅了。经过小一年的走走停停，终于完成了文字稿的写作。

旅游书不仅要看文字，更是要看图片，看精美的图片。要图文并茂，以图为主导。而我不会摄影，平时也没有积存多少关于天水的美图，只有文字靠自己、图片靠朋友了。这样就搅扰麻烦了一大群朋友以及和朋友相关的单位。

个人有王诚、王建祥、王焕新、王绮荣、马丑子、石瑜、刘晓明、李春、李子伟、张耀德、张正翠、杨新国、胡江、郭大洋、唐吉林、梁云、梁丽霞、裴应东、薛林荣等。注：名录按姓氏笔画排列。另，还有提供资料者，有仙松涛、石瑜、汪明、陈建洲、景延峰、董凌云等。

单位有天水市委对外宣传办公室、秦州区委对外宣传办公室、麦积区委对外宣传办公室、清水县委对外宣传办公室、甘谷县委对外宣传办公室、秦安县文化旅游局、清水县地方志办公室、张家川县委宣传部、张家川县文化旅游局、张家川回族自治县博物馆、麦积山植物园、兰州饭店和谐园等。

人多手稠力量大，有了诸多的美照，文字便有了花衣裳，珠联璧合，满眼风光。“这是一本导游书”就彻底完成了，善哉！

在此，谨向给予我帮助的朋友和相关单位表示衷心的感谢！

人间四月天，花草竞发，春光明媚，良辰美景无限好。再说点什么呢？说点——当你旅行的时候别忘了带着《走进天水》。批注：此处有广告之嫌。哈哈！

2018 年 4 月 10 日于两可斋